Quando tudo se desfaz

Quando tudo se desfaz

Orientação para tempos difíceis

PEMA CHÖDRÖN

Traduzido por Helenice Gouvêa

GRYPHUS

Título do original:
When Things Fall Apart

Editoração Eletrônica
Editoriarte

Revisão
Maria Helena da Silva

Revisão Técnica
Centro Shambhala de Meditação de São Paulo

Capa
Flavia Portela

1ª edição – 1998
4ª edição – 2025 – 13ª reimpressão

Adequado ao novo acordo ortográfico da língua portuguesa

CIP-Brasil. Catalogação-na-fonte.
Sindicato Nacional dos Editores de Livros, RJ.

C473q
4.ed. Chödrön, Pema, 1936-
Quando tudo se desfaz : orientação para tempos difíceis / Pema Chödrön ; traduzido por Helenice Gouvêa. – 4.ed. – Rio de Janeiro : Gryphus, 2020.
152p.

Tradução de: When things fall apart
Inclui bibliografia
ISBN 978-85-60610-66-2
1. Vida espiritual - Budismo. I. Título
11-4010. CDD 294.3444
CDU 24-584

Rua Major Rubens Vaz, 456 – Gávea – 22470-070
Rio de Janeiro – RJ – Tel.: (0XX21) 2533-2508
www.gryphus.com.br – e-mail: gryphus@gryphus.com.br

Para Sakyong Mipham Rinpoche,
com devoção, amor e gratidão

Sumário

Agradecimentos

Minha sincera gratidão a Lynne Van de Bunte, que não apenas conservou as fitas que contêm as palestras reproduzidas neste livro, mas também passou muitas horas indo atrás das seguintes pessoas para transcrevê-las: meus agradecimentos a Heidi Utz, Rex Washburn, Ginny Davies, Aileen e Bill Fell (que também armazenou todas as palestras em um único computador) e à própria Lynne, que transcreveu fitas tão velhas que ninguém conseguia entender o que estava sendo dito. Finalmente, um agradecimento muito especial à minha amiga e editora Emily Hilburn Sell, que pegou uma caixa de fitas não editadas e as transformou neste livro. Sem seu talento, trabalho duro e amorosa dedicação, eu jamais teria publicado nada. Sinto-me feliz por podermos continuar a trabalhar juntas.

Introdução

Em 1995, tirei um ano de licença. Durante 12 meses, basicamente, não fiz nada. Espiritualmente, essa foi a época mais inspiradora da minha vida. De modo geral, apenas relaxei. Li, saí em longas caminhadas e dormi. Cozinhei, comi, meditei e escrevi. Não tinha um planejamento ou agenda, nenhum "devo". Compreendi muita coisa durante esse período completamente aberto, novo e inexplorado. Em primeiro lugar, comecei a ler lentamente todo o material contido em duas caixas de papelão, composto de transcrições não editadas de palestras que eu havia dado de 1987 a 1994. Ao contrário das palestras do dathun que compõem *The Wisdom of no Escape* e os ensinamentos lojong contidos em *Comece onde você está*, neste caso, parecia não haver uma linha unificadora. De vez em quando, olhava para algumas transcrições. Elas me pareciam ir de pedantes a maravilhosas. Era, ao mesmo tempo, interessante e constrangedor encarar tal profusão de minhas próprias palavras. Aos poucos, à medida que lia, comecei a perceber que, de algum modo, e independente do assunto que havia escolhido, do país em que estava e do ano em que isso havia ocorrido eu havia ensinado incessantemente as mesmas coisas: a grande necessidade de *maitri* (bondade amorosa para consigo mesmo) e do despertar, a partir daí, de uma atitude destemida e compassiva diante de nossa própria dor e do sofrimento alheio. Pareceu-me que a ideia subjacente a cada uma das palestras era a de que podemos caminhar em território desconhecido e relaxar frente à ausência de chão de nossa situação. Outro tema recorrente era o de dissolver a tensão dualística entre nós e o outro, isso e aquilo, bom e mau, chegando mais perto daquilo que normalmente evitamos. Meu professor, Chögyam Trungpa Rinpoche, descreveu esse processo como "inclinar-se sobre as pontas agudas da situação". Ocorreu-me que, durante aqueles sete anos, eu havia simplesmente tentado assimilar e transmitir as úteis e muito corajosas instruções que Trungpa Rinpoche havia dado a seus alunos.

À medida que me aprofundava naquelas caixas, pude perceber que ainda tinha um longo caminho a percorrer, antes de apreciar plenamente o que havia aprendido. Percebi também que, ao colocar em prática os conselhos de Rinpoche, do modo que me era possível, e ao tentar compartilhar a experiência dessa jornada com outros, havia encontrado uma espécie de felicidade e contentamento fundamentais que até então me eram desconhecidos. Ri, ao notar que, assim como já havia dito tantas vezes, fazer amizade com nossos próprios demônios e com a insegurança que os acompanha conduz-nos a um estado de relaxamento e alegria muito simples e sutil.

Mais ou menos na metade desse ano, minha editora, Emily Hilburn Sell, perguntou-me se eu tinha mais palestras que pudessem ser utilizadas em um terceiro livro. Enviei para ela as caixas de papelão. Ela leu as transcrições e sentiu-se animada a dizer para a Shambhala Publications: "Temos outro livro!".

Durante os seis meses seguintes, Emily esquadrinhou, modificou, apagou e editou. Eu pude me dar ao luxo de rever cada capítulo, alterando tudo que desejasse. Quando não estava descansando, olhando para o mar ou caminhando nas colinas, ficava totalmente absorta nessas palestras. Há algum tempo, Rinpoche havia me aconselhado: "Relaxe e escreva". Na época, parecia improvável que eu seguisse seu conselho, mas, anos mais tarde, lá estava eu, seguindo suas instruções.

Este livro é resultado de meu trabalho conjunto com Emily e desse ano em que não fiz nada.

Que ele possa encorajar você a ter uma relação mais relaxada com sua própria vida e a levar a sério esses ensinamentos sobre honestidade, bondade e coragem. Se sua vida é caótica e estressante, há muitos conselhos aqui para você. Se está em transição, sofrendo devido a uma perda ou apenas basicamente inquieto, esses ensinamentos vêm a calhar. O ponto principal é que todos nós precisamos de um lembrete e de um encorajamento para relaxar no que surge e para transformar em caminho tudo aquilo que encontramos pela frente.

Ao colocar estas instruções em prática, nós nos unimos a uma longa linhagem de mestres e alunos que aplicaram o darma do buda aos altos e baixos de sua vida cotidiana. Assim como aconteceu a eles, podemos fazer amizade com nosso ego e descobrir a mente de sabedoria.

Agradeço ao Venerável Chögyam Trungpa Rinpoche, o Vidyadhara, por dedicar integralmente sua vida ao darma e por desejar tão entusiasticamente transmitir sua essência às pessoas do Ocidente. Possa a inspiração que recebi dele ser contagiante. Que possamos, como ele, viver como bodisatvas e não esquecer sua proclamação: "O caos deve ser encarado como uma excelente notícia".

Pema Chödrön
Gampo Abbey
Pleasant Bay, Nova Escócia, 1996

UM

Intimidade com o medo

O medo é uma reação natural ao nos aproximarmos da verdade.

Iniciar uma jornada espiritual é como entrar em um barquinho muito pequeno e sair pelo mar em busca de terras desconhecidas. Com a prática sincera vem a inspiração, mas, cedo ou tarde, encontraremos também o medo. Receamos cair para fora do mundo, quando chegarmos ao horizonte. Como todos os exploradores, somos atraídos pela descoberta, mesmo sem saber se teremos coragem para enfrentar o que nos aguarda.

Quando nos interessamos pelo budismo e decidimos descobrir o que ele tem a nos oferecer, logo percebemos que existem diferentes pontos de vista em relação a como podemos prosseguir. Com a meditação do *insight*, começamos a praticar a atenção plena, estando totalmente presentes em todas as nossas atividades e pensamentos. Na prática do Zen, ouvimos ensinamentos sobre a vacuidade e somos desafiados a nos conectar com a aberta e ilimitada clareza da mente. Os ensinamentos vajrayana nos introduzem à abordagem de trabalhar com a energia de todas as situações, encarando tudo que surge como inseparável do estado desperto. Qualquer uma dessas abordagens pode nos atrair e alimentar nosso entusiasmo, fazendo com que desejemos ir mais adiante. Entretanto, se estivermos dispostos a ir além da superfície e a praticar sem hesitação, inevitavelmente, em algum momento, sentiremos medo.

O medo é uma experiência universal vivida até mesmo pelo menor dos insetos. Quando passamos pelas poças formadas pelas marés e estendemos a mão para os tenros corpos abertos das anêmonas marinhas, elas se fecham. Essa é uma reação espontânea, comum a todos. Não há nada de terrível em sentir medo quando enfrentamos o desconhecido. Faz parte de estar vivo e é algo que todos compartilhamos. Reagimos contra a possibilidade da solidão, da morte, de não termos nenhum apoio. O medo é uma reação natural ao nos aproximarmos da verdade.

Quando nos comprometemos a ficar exatamente onde estamos, nossa experiência torna-se muito vívida. Se não há nenhum lugar para onde fugir, tudo se torna muito claro.

Durante um longo retiro, tive o que me pareceu uma revelação impressionante: não podemos estar no presente e remoer nossa velha história ao mesmo tempo! Sei que isso parece bastante óbvio, mas, quando descobrimos algo assim pela nossa própria experiência, somos transformados. A impermanência torna-se muito vívida no momento presente. O mesmo acontece com a compaixão, o encantamento e a coragem. E também com o medo. Na verdade, qualquer um que se coloque à beira do desconhecido, inteiramente no presente e sem ponto de referência, experimenta a ausência de chão. É aí que nossa compreensão se aprofunda, que descobrimos que o momento presente é um lugar bastante vulnerável, e essa experiência pode ser completamente terna e desconcertante ao mesmo tempo.

Quando iniciamos nossa exploração, temos todo tipo de ideal e expectativa. Procuramos respostas que satisfaçam anseios muito antigos e a última coisa que queremos é um reencontro com o bicho-papão. Outras pessoas, é claro, tentam nos avisar. Lembro quando recebi, pela primeira vez, orientação sobre meditação. A pessoa que me instruía descreveu a técnica, explicou-me como deveria praticar e acrescentou: "Mas, por favor, não saia daqui pensando que meditar seja o mesmo que tirar férias da irritação". Por alguma razão, nenhuma dessas advertências nos convence. Na verdade, elas nos atraem ainda mais.

Estamos falando de conhecer o medo, de nos familiarizarmos com ele e de olhá-lo bem nos olhos – não como um método para resolver problemas, mas como uma total desconstrução de nossas antigas maneiras de ver, ouvir, pensar, sentir cheiros e sabores. A verdade é que, a partir do momento em que realmente iniciamos esse processo, nós nos tornamos cada vez mais modestos. Não haverá muito espaço para a arrogância que pode resultar do apego a nossos ideais. A arrogância que inevitavelmente surge será incessantemente aniquilada pela nossa própria coragem de dar mais um passo adiante. Essas descobertas são feitas por meio da prática e não têm nada a ver com qualquer tipo de crença. Estão muito mais relacionadas com a coragem de morrer, com a coragem de morrer continuamente.

As instruções de atenção plena, de vacuidade ou de trabalhar com a energia apontam na mesma direção: quando estamos totalmente presentes, ficamos presos. Ficamos presos exatamente naquele tempo e lugar. Quando paramos ali e não tentamos extravasar, não reprimimos a situação, não colocamos a culpa em outras pessoas ou em nós mesmos, nós nos deparamos com uma pergunta aberta que não tem uma resposta conceitual. Encontramos também nosso coração. Como observou enfaticamente um aluno: "Habilmente disfarçada sob a forma de medo, a natureza de buda nos dá um pontapé para nos tornarmos receptivos".

Certa vez, assisti a uma palestra sobre as experiências espirituais de um homem, na Índia, na década de 60. Ele estava determinado a livrar-se de suas emoções negativas. Lutava contra a raiva e a luxúria, contra a preguiça e o orgulho. Entretanto, o que ele mais queria era se livrar do medo. Seu professor de meditação sempre lhe dizia para parar de lutar. Ele, entretanto, achava que esse conselho era apenas mais uma forma de ensiná-lo a superar seus obstáculos.

Finalmente, o mestre pediu que ele fosse meditar em uma pequena cabana ao pé de uma colina. Ele fechou a porta e acomodou-se para a prática. Quando começou a escurecer, acendeu três pequenas velas. Por volta da meia-noite, ouviu um barulho no canto da sala e, em meio à escuridão, viu uma enorme serpente que olhava para ele como uma naja, balançando-se bem à sua frente. A noite toda ele permaneceu muito alerta, os olhos cravados nela. Sentia tanto medo que não podia se mover. Só havia ele, a cobra e o medo.

Pouco antes do amanhecer, a última vela apagou-se e ele começou a chorar. Chorou não por desespero, mas por ternura. Sentiu o anseio de todos os animais e pessoas do mundo, reconheceu sua alienação e luta. Toda a sua meditação não havia sido nada além de mais separação e esforço. Ele aceitou – aceitou de fato, irrestritamente – que sentia raiva e inveja, que resistia e lutava, e que estava com medo. Aceitou também o fato de ser algo precioso, além de qualquer limite – sábio e tolo, rico e pobre, totalmente insondável. Sentiu-se tão grato que, na completa escuridão, levantou-se, caminhou até a cobra e fez uma reverência. Então, deitado no chão, adormeceu profundamente. Quando acordou, a serpente havia desaparecido. Ele nunca soube se ela tinha sido fruto de sua imaginação ou se realmente havia estado ali, e isso parecia não importar. No final da palestra relatou que essa grande intimidade com o medo fizera com que seus dramas desmoronassem e ele, finalmente, deixou-se tocar pelo mundo que o rodeava.

Ninguém nos aconselha a parar de fugir do medo. Raramente somos estimulados a chegar mais perto, a simplesmente estar ali, a nos familiarizarmos com ele. Uma vez perguntei a Kobun Chino Roshi, mestre Zen, como era seu relacionamento com o medo e ele respondeu: "Eu concordo, eu concordo". Entretanto, o conselho que geralmente recebemos nos diz para adoçá-lo, atenuá-lo, tomar um comprimido ou procurar distração. Usar todos os meios para fazer com que ele se vá.

Não precisamos desse tipo de conselho porque nos dissociarmos do medo já é o que naturalmente fazemos. Normalmente, entramos em pânico e perdemos o controle, mesmo diante da mais leve sugestão de medo. Sentimos que ele se aproxima e nos afastamos. É bom saber que agimos assim – não para nos punirmos, mas como uma forma de desenvolver compaixão incondicional. Não há nada mais doloroso que a maneira pela qual enganamos a nós mesmos diante do momento presente.

Às vezes, entretanto, ficamos encurralados. Tudo se desintegra e ficamos sem opções de fuga. Em momentos assim, as mais profundas verdades espirituais parecem muito diretas e simples. Não há esconderijo. Percebemos isso como qualquer outra pessoa o faz – *melhor* que qualquer outra pessoa. Mais cedo ou mais tarde compreendemos que, embora não possamos fazer com que o medo seja agradável, é ele que acabará por nos colocar diante de todos os ensinamentos que algum dia lemos ou ouvimos.

Portanto, considere-se com sorte na próxima vez em que encontrar o medo, pois é nesse ponto que entra a coragem. Geralmente pensamos que as pessoas corajosas não sentem medo, mas a verdade é que elas estão íntimas dele. Quando éramos recém-casados, meu marido me disse que eu era uma das pessoas mais corajosas que ele já havia encontrado. Quando perguntei a razão disso, explicou que eu era totalmente covarde, mas, mesmo assim, seguia em frente e fazia o que precisava ser feito.

O truque está em continuar explorando e não desistir, mesmo quando descobrimos que algo é diferente do que imaginávamos. Essa descoberta se repetirá inúmeras vezes, pois nada é como imaginamos. Posso fazer essa afirmação com muita segurança. A vacuidade não é o que pensávamos. Nem a atenção plena, o medo ou a compaixão. Amor, natureza búdica, coragem. Essas palavras são códigos que representam o que não conseguimos compreender intelectualmente, mas que qualquer um de nós pode sentir. São palavras que nos indicam o que a vida realmente é quando deixamos que as coisas se desintegrem e nos permitimos estar ligados ao momento presente.

DOIS

Quando tudo se desfaz

Quando tudo se desfaz e nos encontramos à beira sabe-se lá de que, o desafio que se apresenta a cada um de nós é o de permanecer nesse limiar, sem buscar alguma ação concreta. O caminho espiritual não tem nada a ver com o paraíso, com chegar finalmente ao céu.

O monastério Gampo Abbey fica em um local amplo, onde o céu e o mar fundem-se. O horizonte estende-se infinitamente e, nesse vasto espaço, pairam gaivotas e corvos. O cenário é como um enorme espelho que amplia a sensação de não haver esconderijo. Além disso, já que se trata de um monastério, quase não há como escapar — não há mentira, trapaça, álcool, sexo. Não há saída.

O monastério Gampo Abbey era um lugar que há muito tempo eu desejava conhecer. Trungpa Rinpoche me convidou para dirigi-lo e então, finalmente, lá estava eu. Estar ali era um convite para testar minha paixão por um bom desafio, já que os primeiros anos foram como estar sendo queimada viva.

O que aconteceu foi que, ao chegar lá, tudo desmoronou. Todas as minhas formas de proteção, todos os meios que usava para iludir a mim mesma e manter minha refinada autoimagem — tudo isso se desintegrou. Por mais que tentasse, não conseguia manipular a situação. Meu estilo estava deixando todo mundo louco e eu não encontrava um lugar para me esconder.

Sempre me considerei uma pessoa flexível, amável, querida por quase todos. Consegui manter essa ilusão durante boa parte de minha vida. Em meus primeiros anos no monastério, descobri que estava vivendo um certo equívoco. Não que eu não possuísse qualidades. Simplesmente não era uma supermenina-prodígio. Havia investido muito nessa autoimagem, mas ela simplesmente não se sustentava mais. Todos os meus conflitos estavam expostos, nitidamente e com clareza, ao vivo e em Technicolor, não apenas diante de mim mesma, mas também para todos os demais.

Tudo que ainda não tinha conseguido enxergar a meu respeito havia sido subitamente posto em evidência e, como se não bastasse, os outros estavam livres para expressar sua opinião sobre mim e sobre o que eu estava fazendo. O processo era tão doloroso que eu me perguntava se algum dia voltaria a me sentir feliz. Sentia como se bombas estivessem sendo lançadas quase o tempo todo sobre mim, minhas próprias ilusões explodindo por toda parte. Nesse lugar, onde se desenvolvia tanto estudo e prática espiritual, eu não podia me perder tentando justificar a mim mesma e culpar os outros. Esse tipo de saída não estava disponível.

Lembro das palavras de uma professora, em visita durante esse período: "Quando fizer amizade consigo mesma, sua situação também se tornará mais amigável".

Eu já havia aprendido essa lição e sabia que essa era a única maneira de prosseguir. Costumava manter, pregado na parede, um cartaz que dizia: "Só encontraremos aquilo que é indestrutível em nós à medida que nos expusermos cada vez mais à destruição". De algum modo, mesmo antes de conhecer os ensinamentos budistas, sabia que esse era o espírito do verdadeiro despertar. Tudo se resume ao total desprendimento.

Entretanto, é muito doloroso sentir faltar o chão e não ter onde se agarrar. É como o lema do Instituto Naropa: "O amor à verdade nos deixa expostos". Podemos ter alguma visão romântica do que isso possa significar, mas sofremos quando somos aprisionados pela verdade. Olhamos no espelho do banheiro e lá estamos nós, com nossas espinhas, nosso rosto envelhecido, nossa falta de bondade, nossa agressão e timidez — está tudo ali.

É nesse ponto que surge a ternura. Quando tudo balança e nada funciona, é possível perceber que estamos à beira de algo. Esse é um lugar muito vulnerável e delicado, e essa delicadeza nos apresenta duas possibilidades. Podemos nos fechar e sentir ressentidos, ou tocar essa qualidade pulsante. Há, com certeza, uma qualidade delicada e pulsante quando experimentamos não ter nenhuma base.

Essa experiência é uma espécie de teste, o tipo de teste de que o guerreiro espiritual necessita para despertar seu coração. Às vezes, nós nos encontramos nesse ponto devido à doença ou à morte. Experimentamos um sentimento de perda — perda daqueles que amamos, perda de nossa juventude, de nossa vida.

Tenho um amigo que está morrendo, com AIDS. Estávamos conversando, antes de eu sair para uma viagem, e ele me disse: "Não queria isso, detestava essa situação e estava apavorado. No entanto, esta doença acabou se tornando meu maior presente. Agora, cada momento é valioso. Todas as pessoas com quem convivo são muito preciosas. Toda a minha vida significa muito para mim." Algo realmente havia mudado e ele se sentia preparado para a morte. O que tinha causado horror e medo havia se transformado em dádiva.

Quando tudo se desintegra, somos submetidos a uma espécie de teste, e também a um certo processo de cura. Achamos que o sentido está em passar no teste e superar o problema, mas a verdade é que as situações não têm uma solução definitiva. Elas se compõem e desmoronam. E mais uma vez se compõem e desmoronam. É simplesmente assim que funciona. O processo de cura ocorre ao deixarmos existir espaço para que tudo isso aconteça: espaço para o luto, para o alívio, para a angústia e a alegria.

Pensamos que algo vai nos trazer prazer, mas, na verdade, não sabemos exatamente o que vai acontecer. Achamos que algo vai nos trazer infelicidade, mas também não sabemos. Acima de tudo, o mais importante é deixar espaço para o não saber. Tentamos fazer aquilo que achamos que vai nos trazer alívio, mas é impossível ter certeza. Nunca sabemos se vamos nos sair muito bem ou se vamos falhar redondamente. Quando sofremos uma grande decepção, não sabemos se chegamos ao fim da história. Esse pode ser, simplesmente, o início de uma grande aventura.

Li, em algum lugar, sobre uma família que tinha apenas um filho. Eram muito pobres e esse filho era extremamente precioso. O que mais importava é que ele lhes trouxesse algum apoio financeiro e prestígio. Um dia, o rapaz caiu de um cavalo e ficou aleijado. Parecia que a vida tinha acabado. Duas semanas depois, as tropas do exército chegaram à pequena cidade e todos os homens fortes e saudáveis foram convocados para a guerra. Aquele jovem teve permissão para ficar e cuidar da família.

Assim é a vida. Não sabemos de nada. Dizemos que algo é bom, dizemos que algo é ruim, mas, na verdade, simplesmente não sabemos.

Quando tudo se desfaz e nos encontramos à beira sabe-se lá de que, o desafio que se apresenta a cada um de nós é o de permanecer nesse limiar, sem buscar alguma ação concreta. O caminho espiritual não tem nada a ver com o paraíso, com chegar finalmente ao céu. Na verdade, esse modo de encarar a vida é que nos mantém infelizes. Pensar que podemos encontrar algum prazer duradouro e evitar a dor é o que o budismo chama de samsara, o ciclo inútil que gira e gira, infinitamente, e nos causa tanto sofrimento. A primeira nobre verdade que o Buda nos apresenta chama nossa atenção para o fato de o sofrimento ser inevitável para nós, seres humanos, enquanto acreditarmos que as coisas permanecem — que não se desintegram e que podemos contar com elas para satisfazer nossa ânsia de segurança. Sob esse ponto de vista, o único momento em que realmente sabemos o que está acontecendo é quando nos puxam o tapete e não encontramos nenhum apoio. Podemos utilizar situações desse tipo para despertar ou escolher dormir. Exatamente ali — precisamente no momento em que ocorre a experiência de faltar o chão — encontram-se as sementes que nos levarão a cuidar daqueles que precisam de nós e a descobrir nossa própria bondade.

Lembro-me muito claramente do dia, no início da primavera, em que perdi tudo o que considerava real. Embora isso tenha acontecido antes que eu tivesse qualquer contato com os ensinamentos budistas, representou o que alguns poderiam chamar de uma autêntica experiência espiritual. Ela ocorreu quando meu marido me contou que estava tendo um caso. Vivíamos na região norte do Novo México. Eu estava parada em frente à nossa casa de adobe, tomando uma xícara de chá. Ouvi quando o carro chegou e o barulho da porta batendo. Então, ele caminhou até a casa e, sem qualquer aviso, disse que estava tendo um caso e que queria o divórcio.

Lembro-me do céu e de como ele era imenso. Lembro-me do murmurar do rio e do vapor que saía da minha xícara de chá. O tempo não existia, não havia nenhum pensamento, não havia nada — apenas a luz e uma quietude profunda e ilimitada. Então eu me recompus, peguei uma pedra e atirei nele.

Quando me perguntam como acabei me envolvendo com o budismo, sempre respondo que foi porque estava com muita raiva do meu marido. A verdade é que ele salvou minha vida. Quando esse casamento desmoronou, tentei arduamente — muito, muito arduamente — encontrar algum tipo de consolo, alguma segurança, algum lugar que me fosse familiar e onde pudesse repousar. Para minha sorte, nunca consegui. Instintivamente, sabia que a destruição de meu velho eu, dependente e apegado, era o único caminho a seguir. Foi nessa época que pendurei o tal cartaz na parede.

A vida é uma boa professora e uma boa amiga. Se pudéssemos perceber, veríamos que tudo está sempre em transição. No fim, nada é como sonhamos. Esse estado descentralizado e indefinido representa a situação ideal. Nesse ponto, não estamos presos a nada e podemos abrir nosso coração e mente além de qualquer limite. Essa é uma situação sem agressividade, muito frágil e aberta.

Ficar nesse desequilíbrio — com o coração partido, o estômago apertado, o sentimento de desesperança e o desejo de vingança — é o caminho do verdadeiro despertar. Ficar na incerteza, pegar o jeito de relaxar no meio do caos, aprender a não entrar em pânico — esse é o caminho espiritual. Desenvolver a habilidade de perceber-se, de perceber-se com suavidade e compaixão — esse é o caminho do guerreiro. Gostando ou não, temos de nos flagrar um milhão de vezes e mais uma, quando congelamos em ressentimento, amargura e justificada indignação — quando congelamos de qualquer modo, até mesmo em sentimentos de alívio e inspiração.

Todos os dias poderíamos pensar na agressividade que existe no mundo — em Nova York, Los Angeles, Halifax, Taiwan, Beirute, Kuwait, Somália, Iraque — em todo lugar. No mundo todo, há sempre alguém lutando violentamente contra um inimigo e a dor está em franca escalada. Todos os dias poderíamos refletir sobre isso e pensar: "Vou acrescentar mais agressão ao mundo?". Todos os dias, quando as situações se tornam tensas, poderíamos apenas nos perguntar: "Vou cultivar a paz ou me aliar à guerra?"

TRÊS

Este exato momento é o mestre perfeito

Podemos encontrar um adversário à nossa altura em um poodle ou em um cão de guarda furioso. O ponto interessante é: o que vai acontecer em seguida?

De modo geral, encaramos qualquer tipo de desconforto como uma má notícia. Entretanto, para os praticantes ou guerreiros espirituais — pessoas que têm uma certa ânsia de conhecer a verdade — sentimentos como decepção, constrangimento, irritação, ressentimento, raiva, ciúme e medo, em vez de significarem más notícias, representam momentos muito claros que nos mostram onde estamos nos detendo. Eles nos ensinam a encontrar ânimo e a enfrentá-los, quando preferiríamos desmoronar e recuar. São como mensageiros que revelam, com assustadora clareza, exatamente em que ponto estamos presos. Este exato momento é o mestre perfeito e, para nossa sorte, está conosco onde quer que estejamos.

Os acontecimentos e pessoas que desencadeiam nossas questões mal resolvidas poderiam ser vistos como boas notícias. Não precisamos sair em busca de nada. Não precisamos criar situações que nos façam chegar ao limite. Elas ocorrem por si mesmas, com a regularidade de um relógio.

Todos os dias nos são dadas inúmeras oportunidades de abertura ou fechamento. A oportunidade mais preciosa se apresenta quando nos deparamos com uma situação com a qual achamos que não sabemos lidar. É demais. Foi longe demais e nos sentimos mal conosco mesmos. Não há como manipular a situação e sair-se bem dela. Por mais que tentemos, nada funciona. Basicamente, a vida nos pegou.

É como se olhássemos para o espelho e víssemos um gorila. O espelho está lá, nosso reflexo está ali, e o que vemos não é bonito. Tentamos ajustar o ângulo para melhorar a imagem, mas, não importa o que façamos, ainda nos parecemos com um gorila. Isso é ser pego pela vida, é chegar naquele ponto em que não há outra escolha: é abraçar o que está acontecendo ou empurrar para longe.

De modo geral, não encaramos essas situações como ensinamentos. Nós as detestamos automaticamente. Corremos como loucos. Fazemos uso de todo tipo de fuga — todas as dependências se iniciam no momento em que chegamos ao limite e não podemos suportar isso. Sentimos que é preciso abrandar, acolchoar a situação de alguma forma, e nos tornamos dependentes daquilo que parece diminuir a dor. Na verdade, o avassalador materialismo que vemos no mundo resulta também desse momento. Existem muitas fórmulas destinadas a nos distrair do momento presente, suavizar e atenuar suas ásperas arestas, para não termos de receber o total impacto da dor que surge quando não conseguimos manipular a situação e sair dela com nossa boa imagem intacta.

A meditação é um convite para percebermos quando chegamos ao limite e para não sermos levados pela esperança e pelo medo. Através da meditação, somos capazes de ver claramente o que está acontecendo com nossos pensamentos e emoções, e também de deixá-los ir. A meditação é encorajadora, porque, mesmo quando nos fechamos, não conseguimos mais ignorar o que estamos fazendo. Vemos claramente que estamos nos fechando. Esse processo, por si mesmo, começa a iluminar a escuridão da ignorância. Somos capazes de perceber como fugimos, como nos escondemos e nos mantemos ocupados, tentando impedir que nosso coração seja penetrado. Somos também capazes de ver como é possível abrir e relaxar.

Basicamente, decepção, confusão e todas as situações em que nos sentimos mal são como uma espécie de morte. Perdemos completamente nossa base. Não somos capazes de impedir a desintegração e sentimos que não temos mais o controle dos acontecimentos. Em vez de perceber que é preciso existir a morte para haver nascimento, apenas lutamos contra o medo de morrer.

Chegar ao limite não é algum tipo de punição. Na verdade, sentir medo e tremer, quando estamos prestes a morrer, é um sinal de saúde. Outro sinal de saúde é não sermos destruídos pelo medo e pelo tremor, mas encará-los como um aviso de que está na hora de interromper a luta e olhar diretamente para aquilo que nos ameaça. Sentimentos como decepção e ansiedade são como mensageiros avisando-nos de que estamos no limiar de um território desconhecido.

Para alguns de nós, o território desconhecido pode ser a escuridão do armário. Para outros, uma viagem espacial. O que causa esperança e medo em mim é diferente do que provoca os mesmos sentimentos em outras pessoas. Minha tia chega ao seu limite quando mudo de lugar um abajur da sua sala. Uma amiga se perde totalmente quando precisa mudar-se para um novo apartamento. Meu vizinho tem medo de altura. Não importa o que nos faz chegar ao limite. A questão é que, cedo ou tarde, isso acontece a todos nós.

A primeira vez em que encontrei Trungpa Rinpoche, estávamos em uma classe de alunos da quarta série que lhe faziam muitas perguntas sobre sua infância no Tibete e a ida para a Índia, fugindo dos comunistas chineses. Um menino perguntou-lhe se havia sentido medo. Rinpoche respondeu que seu mestre o havia encorajado a ir a lugares que o atemorizavam, como cemitérios, e a experimentar uma aproximação com as coisas de que não gostava. Então, ele nos contou uma história sobre uma viagem, com seus seguidores, para um monastério no qual nunca havia estado. Quando se aproximaram dos portões, viram um grande cão de guarda, com dentes enormes e olhos vermelhos, que rosnava ferozmente e lutava para se libertar da corrente que o prendia. O cão parecia desesperado para atacá-los. Quando Rinpoche se aproximou, pôde ver sua língua azulada e a saliva que escorria da boca. Mantendo boa distância, passaram pelo cachorro e entraram. De repente, a corrente arrebentou e o cão investiu contra eles. Seus companheiros gritaram e ficaram paralisados pelo terror. Rinpoche virou-se e correu o mais rápido possível exatamente na direção do cachorro. Este ficou tão surpreso que colocou o rabo entre as pernas e fugiu.

Podemos encontrar um adversário à nossa altura em um *poodle* ou em um cão de guarda furioso. O ponto interessante é: o que vai acontecer em seguida?

A jornada espiritual envolve ir além da esperança e do medo, caminhar em território desconhecido e mover-se sempre para a frente. O aspecto mais importante de estar em um caminho espiritual pode ser simplesmente continuar em movimento. Normalmente, quando chegamos ao limite, sentimos o mesmo que os companheiros de Rinpoche e paralisamos de terror. Nosso corpo e mente congelam.

Como lidar com nossa mente, no momento em que encontramos um adversário à nossa altura? Em vez de assumir uma atitude indulgente ou rejeitar nossa experiência, podemos permitir, de algum modo, que a energia da emoção, a qualidade do que estamos sentindo, penetre em nosso coração. É mais fácil falar do que fazer, mas essa é uma nobre maneira de viver. Definitivamente, esse é o caminho da compaixão — o caminho para cultivar coragem e compassividade humanas.

Nos ensinamentos budistas ouvimos falar de ausência de ego. Parece difícil de compreender — afinal, do que estão falando? Entretanto, quando os ensinamentos são sobre neurose, nós nos sentimos em casa. Isso é algo que compreendemos perfeitamente. Mas, e a ausência de ego? Quando atingirmos nosso limite e estivermos dispostos a conhecer esse lugar inteiramente — o que implica não alimentar nem reprimir — nossa dureza se dissolverá. Seremos suavizados pela força absoluta da energia que surge, seja ela qual for — raiva, decepção, medo. Quando não está solidificada em uma direção ou em outra, a própria energia penetra em nosso coração e provoca a abertura. Essa é a descoberta da ausência de ego e ela ocorre quando nossos esquemas habituais desmoronam. Atingir o limite não é encontrar um obstáculo ou uma punição, mas uma saída em direção à sanidade e incondicional bondade dos seres humanos.

A situação mais segura e fértil para iniciar esse trabalho ocorre durante a meditação formal. Em nossa almofada, começamos a nos familiarizar com não ser indulgente nem rejeitar, com a sensação de permitir que a energia apenas esteja ali. Essa é a razão pela qual é tão bom meditar todos os dias, continuamente fazendo amizade com nossas esperanças e medos. Esse processo espalha as sementes que nos permitirão estar mais despertos em meio ao caos cotidiano. É um despertar gradual e cumulativo, e é exatamente assim que acontece. Não nos sentamos em meditação para nos tornarmos bons meditadores. Sentamos em meditação para estarmos mais despertos na vida.

A primeira experiência que ocorre durante a meditação é que começamos a ver o que está acontecendo. Mesmo quando ainda somos indulgentes ou rejeitamos a situação, vemos claramente o que estamos fazendo. Podemos pensar que isso fará com que o processo desapareça, mas não é bem assim. Durante um bom tempo vamos apenas ver claramente. Na medida em que estivermos dispostos a enxergar nossa tendência a estimular ou rejeitar uma situação, essas características esgotar-se-ão por si mesmas. Esgotar-se não é exatamente o mesmo que acabar. Em vez disso, o que surge é uma perspectiva mais ampla, generosa e iluminada.

Para ficar nesse ponto intermediário entre alimentar e reprimir, devemos reconhecer tudo que surge sem julgamentos, permitindo que os pensamentos simplesmente se dissolvam, e voltar para a abertura do momento presente. É exatamente isso que fazemos na meditação. Os pensamentos surgem e nós, em vez de reprimi-los ou ficar obcecados por eles, reconhecemos sua existência e deixamos que se dissipem. Então, voltamos a estar simplesmente ali. Como colocou Sogyal Rinpoche, nós simplesmente "trazemos nossa mente de volta para casa".

Depois de algum tempo, passamos a nos relacionar dessa forma com o medo e a esperança em nossa vida cotidiana. Sem saber como, paramos de lutar e relaxamos. Interrompemos nosso diálogo interior e voltamos ao frescor do momento presente.

Esse processo evolui gradualmente, com paciência e tempo. Quanto tempo dura? Diria que o resto da vida. Basicamente, estamos sempre nos abrindo mais, aprendendo mais e nos conectando mais com a profundidade da sabedoria e sofrimento humanos. Passamos a conhecer esses dois elementos total e completamente, passamos a ser pessoas mais amorosas e compassivas. Os ensinamentos continuam, pois há sempre algo mais a aprender. Não nos tornamos simplesmente pessoas fechadas, conservadoras e complacentes, que desistiram de tudo e não se sentem mais desafiadas. Nos momentos mais inesperados, ainda nos deparamos com aqueles cães ferozes.

Como nos tornamos mais abertos, podemos achar que somente as grandes catástrofes vão nos fazer chegar ao limite. O interessante é perceber que, à medida que nos abrimos cada vez mais, os grandes desastres nos despertam imediatamente, enquanto os pequenos nos pegam desprevenidos. Entretanto, não importa o tamanho, a cor ou a forma da situação, o objetivo ainda é dirigir-se para o desconforto da vida e vê-lo claramente, em vez de tentar proteger-se dele.

Ao praticar meditação, não estamos tentando corresponder a algum tipo de ideal — bem ao contrário. Apenas ficamos presentes com nossa experiência, seja ela qual for. Se nossa experiência é a de, às vezes, ter alguma perspectiva e, às vezes, não ter nenhuma, então essa é nossa experiência. Algumas vezes, podemos nos aproximar do que nos causa medo, em outras, isso é absolutamente impossível, então essa é nossa experiência. "Este exato momento é o mestre perfeito e ele está sempre conosco" é, na verdade, o ensinamento mais profundo. Apenas ver o que está acontecendo — bem aí está o ensinamento. É possível estar com aquilo que nos acontece, sem nos dissociarmos dessa experiência. O estado desperto encontra-se no prazer e na dor, na confusão e na sabedoria, disponíveis a cada momento de nossa estranha, insondável e simples vida cotidiana.

QUATRO

Relaxe naquilo que ocorre

Quando recebemos essa instrução, podemos colocá-las em prática. O que vai acontecer em seguida depende de nós. Em última análise, com que intensidade estamos dispostos a ter mais leveza e a soltar as rédeas? Quanto de honestidade existe no propósito de estar consigo mesmo?

A instrução de meditação que Chögyam Trungpa Rinpoche dava a seus alunos chama-se meditação *shamatha-vipashyana*. Quando Trungpa Rinpoche ensinou pela primeira vez no Ocidente, disse a seus alunos para apenas abrir a mente e relaxar. Quando se sentissem distraídos pelos pensamentos, poderiam simplesmente deixar que eles se dissolvessem e voltar para o estado mental aberto e relaxado.

Após alguns anos, Rinpoche percebeu que várias das pessoas que o haviam procurado achavam essa simples instrução, até certo ponto, impossível de ser praticada e precisavam de um pouco mais de técnica para poderem prosseguir. Nesse momento, sem realmente mudar a intenção básica da meditação, começou a dar instruções de forma um tanto diferente. Passou a dar mais ênfase à postura e ensinou as pessoas a voltar muito levemente sua atenção para a expiração. Mais tarde, disse que o momento da expiração era o mais próximo que se podia chegar de simplesmente repousar a mente em seu estado aberto natural e ainda assim ter um objeto ao qual retornar.

Enfatizou ainda que estava se referindo à simples expiração normal, sem qualquer manipulação, e que a atenção deveria ser suave, com uma abordagem de tocar-e-deixar. Segundo ele, cerca de 25% da atenção estaria voltada para a respiração, de modo que ainda fosse possível ter consciência do ambiente, sem considerá-lo como uma interferência ou obstáculo à meditação. Anos mais tarde, usou uma analogia bem-humorada, ao comparar a meditação a uma pessoa fantasiada segurando uma colher cheia de água. É possível estar tranquilamente sentado ali, vestindo uma roupagem rebuscada e, ainda assim, estar bastante atento à colher de água que se tem nas mãos. O objetivo não era tentar atingir algum estado especial ou transcender os sons e movimentos da vida normal. Em vez disso, éramos encorajados a relaxar mais integralmente em nosso ambiente, a apreciar o mundo que nos cerca e a verdade simples que acontece a todos os momentos.

A maioria das técnicas de meditação utiliza um objeto — algo a que se retorna repetidamente, não importa o que esteja acontecendo na mente. Com chuva, granizo, neve, tempo bom ou ruim — simplesmente voltamos ao objeto da meditação. Neste caso, a expiração é o objeto da meditação — a impalpável e fluida expiração sempre em mutação, que não pode ser agarrada e que, mesmo assim, ocorre continuamente. Quando inspiramos, é como se estivéssemos em uma pausa ou hiato. Não há nada especial a fazer, a não ser esperar pela próxima exalação.

Certa vez expliquei essa técnica a uma amiga que há anos praticava uma concentração muito direcionada tanto para a inspiração quanto para a expiração e ainda para um outro objeto. Quando terminei, ela disse: "Mas isso é impossível! Ninguém pode fazer isso! Existe todo um espaço onde não há nada em que se concentrar!" Pela primeira vez, percebi que inserida exatamente dentro da instrução, estava a oportunidade de soltar completamente. Já havia ouvido mestres Zen dizerem que meditação é a disposição para morrer continuamente. E ali estava — à medida que cada expiração ocorria e se dissolvia, havia a oportunidade de morrer para tudo o que havia acontecido anteriormente e de relaxar, em vez de entrar em pânico.

Rinpoche nos pediu que, como instrutores de meditação, deixássemos de falar em "concentrar" na expiração, mas que, em vez disso, usássemos uma linguagem mais fluida. Então, instruíamos os alunos a "entrar em contato com a expiração e deixá-la ir", ou a "prestar uma atenção leve e suave à expiração", ou ainda "ser um com a respiração à medida que ela se relaxa na expiração". A diretriz básica era ainda estar aberto e relaxar, sem adicionar nada nem conceituar, voltando sempre à mente tal como ela simplesmente é — clara, lúcida e fresca.

Após um certo tempo, Rinpoche refinou ainda mais as instruções, pedindo que colocássemos em nossos pensamentos o rótulo "pensando". Ficávamos ali sentados com nossa expiração e, sem saber como havia acontecido, estávamos lá fora — planejando, tendo preocupações, fantasiando. Estávamos completamente em um outro mundo feito inteiramente de pensamentos. No momento em que percebíamos que isso havia ocorrido, deveríamos dizer a nós mesmos "pensando" e, sem fazer disso algo muito importante, simplesmente voltar à exalação.

Certa vez, vi uma dança inspirada nesse processo. O dançarino entrava no palco e sentava em posição de meditação. Em poucos segundos, pensamentos de paixão começavam a surgir. O dançarino movia-se dentro deles, tornando-se cada vez mais arrebatado, desde o momento em que um leve vestígio de paixão começava a se desenvolver, até uma completa fantasia sexual. Soava, então, um pequeno sino, uma voz tranquila dizia "pensando" e o dançarino voltava a relaxar na postura de meditação. Cerca de cinco segundo depois, começava a dança da raiva mais uma vez iniciando-se com uma pequena irritação e explodindo em movimentação frenética. Veio, então, a dança da solidão, do entorpecimento e a cada uma delas o sino soava, a voz dizia "pensando" e ele simplesmente relaxava, mais e mais, no que começou a ser a imensa paz e espaço de simplesmente estar sentado ali.

Dizer internamente "pensando" constitui um ponto muito interessante da meditação. Nesse momento, podemos treinar conscientemente a suavidade e o desenvolvimento de uma atitude isenta de julgamento. A palavra sânscrita para bondade amorosa é *maitri*, também traduzida como amizade incondicional. Portanto, sempre que dizemos a nós mesmos "pensando", estamos cultivando essa amizade incondicional por tudo que surge na mente. Esse método simples e direto de despertar é extremamente precioso, já que esse tipo de compaixão incondicional não é fácil de alcançar.

Às vezes, sentimos culpa. Às vezes, somos arrogantes. Em outras, nossos pensamentos e lembranças nos aterrorizam e nos tornam muito infelizes. Os pensamentos cruzam nossa mente o tempo todo e, quando sentamos, estamos dando a todos eles muito espaço para que surjam. Como nuvens em um céu amplo ou ondas em um vasto mar, estamos dando a todos os nossos pensamentos espaço para que apareçam. Quando um deles atrai nossa atenção e nos arrebata, quer seja agradável ou desagradável, devemos rotulá-lo "pensando", com toda a abertura e bondade que pudermos reunir, e deixar que ele se dissolva no amplo céu. Não há problema se as nuvens e ondas imediatamente retornam. Simplesmente os reconhecemos de novo e de novo, com amizade incondicional, rotulamos "pensando" e os deixamos passar, de novo e de novo.

Às vezes, as pessoas usam a meditação para tentar evitar maus sentimentos ou pensamentos perturbadores. Tentamos usar o rótulo como uma forma de afastar o que nos incomoda e, quando nos conectamos com algo prazeroso ou inspirador, podemos achar que finalmente conseguimos e tentamos ficar nesse ponto onde há paz, harmonia e onde não temos nada a temer.

Portanto, desde o início, é bom lembrar sempre que meditar relaciona-se com abrir e relaxar, surja o que surgir, sem selecionar ou escolher. Definitivamente, não significa reprimir nada e também não tem a finalidade de estimular o apego. Allen Ginsberg usa a expressão "mente surpresa". Você senta e — opa! — surge uma surpresa bem desagradável. Tudo bem. Que seja assim. Não devemos rejeitar esse aspecto, mas compassivamente reconhecê-lo como "pensando" e deixar que se vá. Então — opa! — aparece uma surpresa muito agradável. Tudo bem. Que seja assim. Mais uma vez, não devemos nos apegar a esse aspecto, mas compassivamente reconhecê-lo como "pensando" e relaxar. Percebemos que essas surpresas não têm fim. Milarepa, iogue tibetano do século XII, cantava maravilhosas canções sobre a forma correta de meditar. Uma delas dizia que há mais projeções na mente que partículas de poeira em um raio de sol e que nem mesmo centenas de lanças podem pôr um fim a isso. Portanto, como meditadores, também podemos parar de lutar contra nossos pensamentos e perceber que honestidade e senso de humor são muito mais inspiradores e úteis do que qualquer tipo de solene esforço religioso contra ou a favor de algo.

De qualquer forma, o objetivo não é tentar livrar-se dos pensamentos, mas ver sua verdadeira natureza. Ficaremos dando voltas inúteis com nossos pensamentos se acreditarmos em sua solidez. Na verdade, eles são como imagens de sonho. São como uma ilusão — não são tão sólidos assim. Como dizemos, são apenas pensamentos.

Ao longo dos anos, Rinpoche continuou a aperfeiçoar as instruções sobre postura, afirmando que aplicar esforço durante a meditação nunca era uma boa ideia. Portanto, recebíamos instruções de que não havia problema em nos movimentarmos quando sentíamos dores nas pernas ou nas costas. Entretanto, logo se tornou "claro que, trabalhando com a postura correta, era possível estar bem mais relaxado e acomodado no próprio corpo por meio de ajustes muito sutis. Os movimentos amplos traziam conforto por cerca de cinco ou dez minutos e, em seguida, precisávamos nos mover outra vez. Acabamos seguindo os seis pontos da boa postura para conseguir realmente nos acomodar. Esses seis pontos são: (1) onde sentar, (2) pernas, (3) tronco, (4) mãos, (5) olhos e (6) boca. As instruções são as seguintes:

1. Quer você esteja sentado em uma almofada colocada no chão ou em uma cadeira, o assento deve ser plano, sem inclinação para a esquerda ou para a direita, para a frente ou para trás.

2. As pernas devem estar confortavelmente cruzadas à frente — ou, se estiver sentado em uma cadeira, os pés devem estar bem apoiados no chão e os joelhos afastados alguns centímetros.

3. O tronco (da cabeça até o assento) deve estar ereto, com a parte posterior firme e a parte anterior aberta. Se estiver em uma cadeira, é melhor não se encostar. Se você começar a encurvar, simplesmente sente-se ereto outra vez.

4. As mãos ficam abertas, com as palmas para baixo, repousadas sobre as coxas.

5. Os olhos permanecem abertos, indicando uma atitude de estar desperto e relaxado em tudo que acontece. O olhar dirige-se ligeiramente para baixo, para um ponto localizado aproximadamente dois metros à frente.

6. A boca fica levemente entreaberta, de modo que o maxilar relaxe, permitindo que o ar circule livremente pela boca e pelo nariz. A ponta da língua pode estar apoiada no céu da boca.

Sempre que sentamos para meditar, podemos percorrer esses seis pontos e, quando nos sentirmos distraídos durante a meditação, podemos trazer nossa atenção de volta para o corpo e repassá-los. Então, com a sensação de estar recomeçando, voltamos mais uma vez à expiração. Não devemos nos preocupar quando percebermos que fomos levados pelos pensamentos. Apenas dizemos internamente "pensando", e voltamos à abertura e relaxamento da expiração. Mais uma vez e mais uma vez — voltamos sempre a estar exatamente onde estamos.

No início, as pessoas acham essa meditação empolgante. É como um novo projeto e achamos que a prática talvez nos livre de nossos aspectos indesejáveis e nos torne pessoas abertas, isentas de julgamento e incondicionalmente cordiais. Entretanto, após um certo tempo, essa sensação se esgota. Encontramos um tempo todos os dias e sentamos em nossa própria companhia. Voltamos à respiração continuamente, atravessamos o tédio, a irritação, o medo e o bem-estar. Essa perseverança e repetição — quando contêm honestidade, leveza, humor e bondade — são a própria recompensa.

Quando recebemos essa instrução, podemos colocá-la em prática. O que vai acontecer em seguida depende de nós. Em última análise, com que intensidade estamos dispostos a ter mais leveza e a soltar as rédeas? Quanto de honestidade existe no propósito de estar consigo mesmo?

CINCO

Nunca é tarde demais

O que torna maitri uma abordagem tão diferente é o fato de não estarmos tentando resolver um problema. Não estamos lutando para afastar a dor ou para nos tornarmos uma pessoa melhor. Na verdade, estamos desistindo completamente de ter controle e deixando que os conceitos e ideais desmoronem.

Recebo muitas cartas da "pior pessoa do mundo". Às vezes, essa pior pessoa está envelhecendo e sente que desperdiçou a vida. Às vezes, é um adolescente que pensa em suicídio e está procurando ajuda. Pessoas que causam a si mesmas momentos tão difíceis surgem em todas as idades, tipos e raças. O que há de comum entre elas é a falta de bondade amorosa em relação a si mesmas.

Recentemente, estava conversando com um homem que conheço há muito tempo. Sempre o considerei uma pessoa tímida, de bom coração, que passa mais tempo do que a maioria ajudando os outros. Nesse dia, estava completamente desanimado e sentido-se um caso perdido. Tentando fazer uma brincadeira, perguntei: "Bem, você não acha que em algum lugar deste planeta deve haver alguém pior do que você?". Ele respondeu com comovente sinceridade: "Não. Se quer mesmo saber o que sinto, acho que não há ninguém tão ruim quanto eu".

Esse fato me fez lembrar uma tira de jornal de Gary Larson que vi uma vez. Duas mulheres estão atrás de uma porta trancada, espiando pela janela e olhando para um monstro que está parado na entrada da casa. Uma delas diz: "Calma, Edna. Sim, é um horrível inseto gigante, mas pode ser um horrível inseto gigante precisando de ajuda".

Para muitos de nós, os piores momentos são aqueles que causamos a nós mesmos. Nunca é cedo ou tarde demais para praticar bondade amorosa. É como se sofrêssemos de uma doença terminal, mas ainda tivéssemos algum tempo de vida. Como não sabemos quanto, bem que poderíamos achar importante fazer amizade conosco mesmos e com os demais, nas horas, meses ou anos que ainda nos restam.

Diz-se que é impossível atingir a iluminação — sem mencionar satisfação e alegria — sem ver o que somos e fazemos, sem reconhecer nossos padrões e hábitos. Isso se chama maitri — o desenvolvimento da bondade amorosa e do amor incondicional por si mesmo.

Algumas vezes as pessoas confundem esse processo com autoaperfeiçoamento ou desenvolvimento pessoal. Pode acontecer de ficarmos tão presos ao processo de ser bom consigo mesmo que deixamos de prestar atenção ao impacto que estamos causando aos outros. Erroneamente, podemos acreditar que maitri seja uma forma de encontrar felicidade duradoura ou, como tão sedutoramente nos prometem os anúncios, que podemos nos sentir ótimos pelo resto da vida. Não se trata de bater em nossas próprias costas e dizer: "Você é o máximo" ou "Não se preocupe, querido, tudo vai dar certo". Ao contrário, esse é um processo através do qual a autoilusão torna-se exposta de forma tão hábil e compassiva que não existem mais máscaras que possam nos esconder.

O que torna maitri uma abordagem tão diferente é o fato de não estarmos tentando resolver um problema. Não estamos lutando para afastar a dor ou para nos tornarmos uma pessoa melhor. Na verdade, estamos desistindo completamente de ter controle e deixando que os conceitos e ideais desmoronem.

Isso se inicia com a percepção de que nada do que ocorre significa um começo ou fim. É apenas o mesmo tipo de experiência humana normal que vem acontecendo às pessoas comuns desde o início dos tempos. Pensamentos, emoções, estados de humor e lembranças vêm e vão, e a presença básica do momento atual permanece sempre aqui.

Nunca é tarde para olhar a própria mente e isso se aplica a qualquer um de nós. Podemos sempre sentar e dar espaço para tudo aquilo que surge. Às vezes, essa experiência é perturbadora. Às vezes, tentamos nos esconder. Em outras, nossa experiência é surpreendente. Frequentemente somos arrebatados por ela. Sem julgamentos, sem pender para o que gostamos ou deixamos de gostar, podemos sempre nos encorajar a simplesmente estar ali mais uma vez, mais uma vez, e ainda mais uma vez.

O mais doloroso é que, quando nos desaprovamos, estamos praticando desaprovação. Quando somos severos, estamos reforçando a severidade. Quanto mais o fazemos, mais fortes tornam-se esses aspectos. É muito triste ver como nos tornamos especialistas em causar mal a nós mesmos e aos outros. O truque está em praticar a delicadeza e soltar. Podemos aprender a encarar tudo o que surge com curiosidade, sem fazer disso uma grande coisa. Em vez de lutar contra a força da confusão, podemos ir ao encontro dela e relaxar. Quando agimos assim, gradualmente descobrimos que a clareza está sempre ali. No meio do pior cenário da pior pessoa do mundo, no meio do penoso diálogo que mantemos conosco mesmos, o espaço aberto está sempre ali.

Carregamos uma imagem de nós mesmos, uma imagem que temos na mente. Esse processo pode ser descrito como "mente pequena". Ou ainda como *sem*. Em tibetano, há diversas palavras para "mente", mas duas — *sem* e *rikpa* — são especialmente úteis. Sem é o que experimentamos sob a forma de pensamentos discursivos, um fluxo de tagarelice que sempre reforça nossa autoimagem. *Rikpa* literalmente significa "inteligência" ou "brilho". Por trás de todo planejamento e preocupação, do desejar e querer, do selecionar e escolher, a mente sábia e não construída de rikpa está sempre ali. Quando pararmos de conversar conosco mesmos, rikpa estará continuamente ali.

No Nepal, os cães latem a noite inteira. A cada vinte minutos, mais ou menos, param todos ao mesmo tempo e experimenta-se um imenso alívio e quietude. Então, recomeçam. A mente pequena de sem parece-se exatamente com isso. Quando começamos a meditar, é como se os cães não parassem nunca de latir. Após um tempo, acontecem as lacunas. Os pensamentos discursivos são bastante semelhantes a cães selvagens que precisam ser domesticados. Em vez de bater neles ou de lhes atirar pedras, nós os domesticamos com compaixão. Repetidamente, nós os observamos com a precisão e a bondade necessárias para que eles aos poucos se acalmem. Às vezes, temos a sensação de que há muito mais espaço e ouvimos apenas alguns ganidos aqui e ali.

É claro que o barulho vai continuar. Não estamos tentando nos livrar dos cães. Mas, depois que tocamos essa experiência com a amplidão de rikpa, ela começa a permear tudo. Depois que tivermos um lampejo da amplidão, e se praticarmos com maitri, ela continuará a se expandir. Ela se expande em nosso ressentimento e em nosso medo. Ela se expande em nossos conceitos e opiniões sobre as coisas e sobre o que achamos que somos. Às vezes, podemos até mesmo ter a sensação de que a vida é como um sonho.

Quando eu tinha aproximadamente 10 anos, minha melhor amiga começou a ter pesadelos. Neles, ela corria em um prédio enorme e sombrio, perseguida por monstros terríveis. Ela chegava a uma porta, lutava para abri-la e, assim que a havia fechado atrás de si mesma, sentia que era aberta pelos monstros que se aproximavam rapidamente. Finalmente acordava, chorando e gritando por socorro.

Um dia, estávamos na cozinha da casa dela conversando sobre esses pesadelos. Quando lhe perguntei qual era a aparência dos demônios, ela disse que não sabia, porque estava sempre fugindo. Depois dessa conversa, começou a imaginá-los, pensando se eles se pareceriam com bruxas ou se algum deles teria uma faca. No pesadelo seguinte, assim que os demônios começaram a persegui-la, ela parou de correr e virou-se. Foi preciso uma tremenda coragem e seu coração batia forte, mas ela se encostou na parede e olhou para eles. Todos pararam bem na sua frente e começaram a pular, mas nenhum deles se aproximou. Ao todo eram cinco, cada um se parecendo um pouco com um animal. Um era um urso cinzento que, no lugar de garras, tinha longas unhas vermelhas. Um possuía quatro olhos. Outro, tinha um ferimento ao lado da boca. À medida que ela olhava mais de perto, pareciam-se menos com monstros e mais com os desenhos em duas dimensões das histórias em quadrinhos. Então, lentamente, começaram a desaparecer. Ela acordou em seguida, e esse foi o fim dos pesadelos.

Há um ensinamento sobre os três tipos de despertar: despertar do sonho do sono normal, despertar, ao morrer, do sonho da vida e despertar, em plena iluminação, do sonho da delusão. Esses ensinamentos dizem que, quando morremos, nossa experiência assemelha-se a despertar de um sonho muito longo. Quando ouvi isso, lembrei-me dos pesadelos de minha amiga. Então, ocorreu-me que, se tudo isto é realmente um sonho, posso muito bem passar por ele tentando olhar para o que me assusta, em vez de fugir. Nem sempre achei isso tão fácil assim de fazer. Entretanto, nesse processo, aprendi muito sobre maitri.

Nossos demônios pessoais assumem muitos disfarces. Nós os experimentamos como vergonha, ciúme, abandono e raiva. Eles são tudo aquilo que nos deixa tão infelizes, obrigando-nos a fugir continuamente.

Fugimos em grande estilo: extravasamos, dizemos alguma coisa, batemos a porta, ferimos alguém ou atiramos um vaso, para não ter de enfrentar o que está acontecendo em nosso coração. Ou, então, escondemos nossos sentimentos e, de alguma forma, amortecemos a dor. Podemos passar a vida toda fugindo dos monstros de nossa mente.

No mundo todo, as pessoas estão tão presas ao processo de fuga que se esquecem de tirar proveito da beleza que as cerca. Ficamos tão acostumados a correr sempre para frente que roubamos de nós mesmos a alegria.

Certa vez, sonhei que estava preparando uma casa para receber Khandro Rinpoche. Corria de um lado para outro, limpando e cozinhando. De repente, o carro chegou, e ali estava ela com sua auxiliar. Quando corri para cumprimentá-la, Rinpoche sorriu e perguntou: "Você viu o sol nascer esta manhã?". Eu respondi: "Não, Rinpoche, estava ocupada demais para ver o sol". Ela riu e disse: "Ocupada demais para viver?".

Às vezes, parecemos preferir a escuridão e a pressa. Podemos protestar, reclamar e guardar rancor durante mil anos. Entretanto, no meio da amargura e do ressentimento, vislumbramos a possibilidade de maitri. Ouvimos um choro de criança ou sentimos o cheiro do pão que alguém está assando. Sentimos o frescor do ar ou vemos a primeira flor brotar na primavera. Apesar de nós mesmos, somos despertados pela beleza, em nosso próprio quintal.

Para dissolver nossa resistência diante da vida, devemos encará-la de frente. Quando sentimos irritação porque a sala está quente demais, podemos ir ao encontro do calor e sentir como ele é causticante e pesado. Quando estamos irritados porque a sala está fria demais, podemos ir ao encontro do frio e sentir como ele é intenso e penetrante. Quando queremos reclamar da chuva, podemos, em vez disso, sentir sua umidade. Quando nos sentimos inquietos porque o vento está batendo as janelas, podemos ir ao encontro dele e ouvir seus sons. Interromper nossa expectativa de solução é um presente que podemos dar a nós mesmos. Não há solução para o frio ou calor. Eles sempre existirão. Mesmo depois que morrermos, o fluxo e o refluxo continuarão, assim como as marés, o dia e a noite — essa é a natureza das coisas. Ser capaz de apreciar, de olhar de perto, de abrir nossa mente — essa é a essência de maitri.

Rios e ar poluídos, famílias e países em guerra, desabrigados vagando pelas estradas — esses são sinais tradicionais de épocas sombrias. Outro sinal é as pessoas serem envenenadas pela insegurança e tornarem-se covardes.

Praticar bondade amorosa consigo mesmo parece-nos um bom método para começar a iluminar a escuridão dos tempos difíceis.

Estar ocupado demais com a própria autoimagem é como estar surdo e cego. É como estar no meio de um grande campo florido com uma venda nos olhos. É como usar protetores de ouvido ao chegar perto de uma árvore onde os pássaros estão cantando.

Existe muito ressentimento e resistência à vida. Em todos países, isso é como uma praga que fugiu ao controle e está envenenando a atmosfera do mundo. Nesta altura dos acontecimentos, seria sensato pensar sobre essa situação e acostumar-se a desenvolver a bondade amorosa.

SEIS

Não causar o mal

Simplesmente parar, em vez de preencher imediatamente o espaço, representa uma experiência transformadora. Ao esperar, começamos a nos conectar com a inquietação básica, assim como com a amplidão fundamental.

Não causar o mal obviamente inclui não matar, roubar ou mentir. Inclui também não ser agressivo — com nossas ações, palavras ou mentes. Aprender a não causar mal a nós mesmos e aos outros constitui um ensinamento budista básico sobre o poder curativo da não agressão.

Não prejudicar os outros e nós mesmos no início, não prejudicar os outros e nós mesmos no meio, e não prejudicar os outros e nós mesmos no fim — eis a base de uma sociedade iluminada. Dessa forma, poderia haver sanidade no mundo e esse processo começa com a sanidade de cada um de nós. Permanecer ignorante por não ter coragem e respeito de olhar para si mesmo com honestidade e brandura é a agressão mais básica, o mal mais fundamental que podemos causar a nós mesmos.

O terreno básico para não causar o mal está na atenção plena, a sensação de enxergar claramente, com respeito e compaixão por aquilo que vemos. É isso que a prática nos mostra. A atenção plena, entretanto, não se limita à meditação formal. Ela nos ajuda a nos relacionarmos com todos os aspectos da vida. Ajuda-nos a ver, ouvir e sentir cheiros, sem fechar nossos olhos, ouvidos ou nariz. Relacionar-se honestamente com a qualidade imediata de nossa experiência, com respeito suficiente para não julgá-la, é uma jornada para toda a vida.

À medida que nos tornamos mais empenhados nessa viagem de suave honestidade, chega a ser um choque perceber como nos tornamos cegos ao mal que causamos. Nosso modo de ser está tão enraizado que não conseguimos ouvir quando tentam nos dizer — gentil ou rudemente — que talvez estejamos causando algum mal com nossa maneira de ser ou de nos relacionarmos com os outros. Estamos tão habituados com nosso modo de agir que, de certa forma, achamos que os outros estão acostumados também.

É doloroso e leva um certo tempo admitir que causamos mal aos outros. Esse é um caminho que decorre de nosso compromisso com a suavidade e a honestidade, de nosso compromisso com permanecer despertos e conscientes. A atenção plena nos mostra nosso desejo e agressividade, nosso ciúme e ignorância. Não reagimos a esses estados — apenas observamos. Sem atenção plena, não poderíamos reconhecê-los.

O próximo passo consiste em conter-se. A atenção plena é a base, conter-se é o caminho. Contenção é uma dessas palavras rígidas, que soam repressivas. Pessoas energéticas, provocantes e interessantes certamente não se contêm. Às vezes, talvez, mas não como estilo de vida. Neste contexto, entretanto, o método para tornar-se uma pessoa dármica consiste principalmente em conter-se — que significa não buscarmos por entretenimento ao mais leve sinal de tédio. É a prática de não preencher imediatamente o espaço apenas porque surgiu uma lacuna.

Certa vez, aprendi uma interessante prática de meditação que combinava atenção plena e contenção. Quando nos sentíamos desconfortáveis, devíamos apenas observar nossos movimentos físicos. Comecei a perceber que, quando sentia desconforto, puxava a orelha, coçava a cabeça ou o nariz — mesmo sem estar sentindo coceira — ou endireitava a gola. Quando sentia que estava perdendo terreno, fazia pequenos movimentos, nervosos e inquietos. Nossa instrução dizia para não tentarmos mudar nada nem sermos críticos em relação ao que fazíamos, mas simplesmente observar.

Perceber como tentamos evitar essa observação é uma forma de entrar em contato com a ausência de chão. Conter-se — não reagir por hábito ou impulso — relaciona-se com desistir da mentalidade de entretenimento. Por meio da contenção vemos que existe algo entre o surgimento do desejo compulsivo — da agressão, solidão, ou do que quer que seja — e a atitude que tomamos em resposta. Nesse ponto, existe em nós algo que não queremos experimentar e que, de fato, nunca experimentamos, pois reagimos rapidamente.

Subjacente à nossa vida comum, às nossas conversas, movimentos e a todos os pensamentos que nos vêm à mente há uma absoluta ausência de chão. Ali está ela, borbulhando o tempo todo. Nós a sentimos sob a forma de inquietação e irritação. Nós a sentimos sob a forma de medo. Ela motiva em nós paixão, agressividade, ignorância, ciúme e orgulho, mas nunca vamos até sua essência.

Conter-se é o método para chegar a conhecer a natureza dessa inquietação e medo. É um método para acomodar-se na ausência de chão. Se nos entretemos imediatamente ao falar, agir e pensar — se não há nunca uma pausa — jamais seremos capazes de relaxar. Estaremos sempre correndo pela vida. Estaremos sempre presos ao que meu avô chamava de uma bela crise de nervos. Conter-se é uma maneira de fazer amizade consigo mesmo, no mais profundo nível possível. Podemos começar a nos relacionar com o que está abaixo das borbulhas, arrotos e gases. Com tudo aquilo que aparece e se manifesta sob a forma de comportamento controlador, rígido e manipulador, ou como quer que o chamemos. Subjacente a tudo isso, existe algo muito suave, muito tenro, que experimentamos sob a forma de medo ou inquietação.

Era uma vez uma jovem guerreira. Seu mestre lhe disse que deveria combater o medo. Ela não queria fazê-lo, pois isso lhe parecia agressivo demais, assustador e hostil. O mestre, entretanto, insistiu e deu-lhe instruções para essa batalha. O dia da luta chegou. A aluna ficou de um lado, e o medo, do outro. Ela se sentia muito pequena e o medo parecia grande e furioso. Cada um deles possuía suas armas. A jovem guerreira tomou coragem, caminhou na direção do medo, fez três prostrações e perguntou: "Tenho sua permissão para lutar contra você?". O medo respondeu: "Obrigado por mostrar tanto respeito, a ponto de me pedir permissão". A jovem guerreira disse: "Como posso derrotar você?". O medo, então, retrucou: "Minhas armas consistem em falar rápido e chegar bem perto do seu rosto. Com isso, você fica completamente amedrontada e faz tudo o que eu mando. Se você não me obedecer, não tenho poder. Você pode me ouvir e sentir respeito. Posso até convencê-la. Mas se não fizer o que eu mando, não tenho nenhum poder". Dessa forma, a jovem guerreira aprendeu a vencer o medo.

Na verdade, é assim mesmo que funciona. É preciso haver um certo respeito pela crise de nervos, alguma compreensão pelo poder que nossas emoções têm de nos deixar frenéticos. Essa compreensão nos ajuda a descobrir como aumentamos nossa dor e confusão, como causamos mal a nós mesmos. Possuímos bondade, sabedoria e inteligência fundamentais. Por isso, podemos parar de causar mal a nós mesmos e aos outros. Com a atenção plena, vemos aquilo que surge. Pela compreensão, deixamos de sustentar a reação em cadeia que faz com que os fatos passem de minúsculos a imensos. Permitimos que sejam minúsculos e permaneçam assim, não se expandindo até a 3ª Guerra Mundial ou explodindo em violência na família. Tudo isso decorre de aprender a parar por um momento, de aprender a não repetir continuamente as mesmas atitudes impulsivas. Simplesmente parar, em vez de preencher imediatamente o espaço, representa uma experiência transformadora. Ao esperar, começamos a nos conectar com a inquietação básica, assim como com a amplidão fundamental.

Como resultado, paramos de causar o mal. Começamos a nos conhecer completamente e a nos respeitar. Não vamos nos assustar diante do que surge, do que entra em nossa casa, do que está sentado no sofá da sala. Já fomos inteiramente preparados pelo fato de chegarmos a nos conhecer, inteiramente preparados por essa atenção plena, honesta e suave.

O fruto desse processo de não causar o mal é o bem-estar fundamental de nosso corpo, fala e mente. O bem-estar do corpo pode ser comparado a uma montanha. Muita coisa acontece a uma montanha. O vento sopra, há granizo, chuva e neve. O sol fica muito quente, as nuvens passam e os animais, assim como as pessoas, urinam e defecam sobre ela. Algumas pessoas deixam ali seu lixo e outras vêm limpar. As coisas vêm e vão e ela simplesmente está ali. Quando nos percebemos completamente, surge uma tranquilidade corporal semelhante à da montanha. Não precisamos mais ficar sobressaltado, coçar o nariz, puxar as orelhas, bater em alguém, sair correndo da ala ou cair de tanto beber. Um ótimo relacionamento conosco mesmos resulta em aquietar-se, o que não quer dizer que vamos deixar de correr, pular e dançar. Quer dizer que não existe compulsão. Paramos de trabalhar demais, comer demais, fumar demais e seduzir demais. Em resumo, paramos de causar o mal.

O bem-estar da fala assemelha-se a um alaúde sem cordas. Mesmo sem cordas esse instrumento anuncia a si mesmo. Essa é uma imagem para a quietude de nossa fala. Não significa controle, rigidez ou um duro esforço, para não dizer a coisa errada. Significa que nossas palavras são diretas e disciplinadas. Não começamos a despejá-las apenas porque ninguém está falando e isso nos deixa nervosos. Não tagarelamos como gralhas ou corvos. Já ouvimos de tudo. Já fomos insultados e enaltecidos. Sabemos o que é estar em uma situação em que todos estão zangados ou em que todos estão tranquilos. Estamos em casa no mundo porque nos sentimos em casa conosco mesmos. Não precisamos recorrer às palavras por nervosismo ou por nosso padrão habitual. Nossa fala é, então, domada e, quando falamos, conseguimos nos comunicar. Não desperdiçamos o dom da palavra expressando nossa neurose.

O bem-estar da mente assemelha-se a um lago nas montanhas, imóvel em sua superfície. Tudo pode ser visto quando não há ondulações no lago. Quando a água está turva, não podemos ver nada. O lago inalterável, tranquilo, é a imagem para nossa mente sem ansiedade — tão plena de ilimitada amizade por todo o lixo acumulado no fundo que não sentimos necessidade de agitar a água apenas para não ver o que está lá.

Para não causar o mal é preciso permanecer desperto e isso implica, em parte, diminuir o ritmo o suficiente para perceber o que falamos e fazemos. Quanto mais presenciamos nossas reações emocionais em cadeia e compreendemos como funcionam, mais fácil é conter-se. Permanecer desperto, desacelerar e observar transforma-se em estilo de vida.

Na raiz de todo o mal que causamos encontra-se a ignorância. Isso é o que começamos a desfazer por meio da meditação. Perceber que não temos atenção plena, que raramente nos contemos e que temos pouco bem-estar não significa confusão, mas o início da clareza. À medida que a vida passa, nossa capacidade de sermos cegos, surdos e mudos já não funciona tão bem. É interessante observar que, em vez de nos tornar mais rígidos, esse processo nos liberta, e essa libertação surge naturalmente, quando estamos totalmente aqui, sem ansiedade diante de nossas imperfeições.

SETE

Desesperança e morte

Se estamos dispostos a desistir de esperar que a insegurança e a dor sejam exterminadas, teremos coragem de relaxar na ausência de chão de nossa situação. Esse é o primeiro passo do caminho.

Voltar a mente para o darma não nos traz segurança ou confirmação, nem qualquer base onde possamos nos apoiar. Na verdade, quando nossa mente se volta para o darma, reconhecemos corajosamente a impermanência e a mudança, e começamos a lidar com a desesperança.

Uma interessante palavra tibetana é *ye tang che*. *Ye* quer dizer "totalmente, completamente" e o restante significa "exausto". No conjunto, *ye tang che* significa totalmente extenuado. Poderíamos, talvez, dizer "totalmente farto". Essa palavra descreve a experiência da total desesperança, do completo abandono de qualquer esperança. Esse é um ponto importante, pois representa o início do início. Sem desistir da esperança — de que há um lugar melhor para estar, de que há alguém melhor para ser — nunca relaxaremos onde estamos ou naquilo que somos.

Poderíamos dizer que a expressão *atenção plena* nos aponta para sermos um com nossa experiência, sem nos dissociarmos, estando exatamente ali quando nossa mão toca a maçaneta da porta, o telefone toca ou qualquer tipo de sentimento surge. A expressão atenção plena descreve o estar exatamente no lugar em que estamos. *Ye tang che*, entretanto, não é tão facilmente digerível, pois expressa a renúncia que é essencial ao caminho espiritual.

É utópico pensar que podemos resolver todos os nossos problemas para sempre. É inútil buscar algum tipo de segurança duradoura. Desfazer nossos padrões mentais habituais, muito antigos e arraigados, exige começar a reverter algumas de nossas premissas mais básicas. É preciso ficar totalmente farto desse modo de pensar, de acreditar em um "eu" sólido e distinto, de continuar a buscar o prazer e a evitar a dor, de achar que alguém, "lá fora", é culpado pelo nosso sofrimento. É preciso abandonar a esperança de que esse modo de pensar nos traga satisfação. O sofrimento começa a se dissolver quando passamos a questionar a crença ou esperança de que existe um lugar onde é possível esconder-se.

Desesperança significa não ter mais ânimo para gerenciar nossos dramas. Podemos ainda *querer* fazer isso. Queremos ter alguma base segura e confortável sob nossos pés, mas já tentamos mil esconderijos e mil maneiras de chegar a uma solução definitiva, e o chão continua movendo-se sob nós. Tentar conseguir uma segurança duradoura nos ensina muito, pois, se nunca tentarmos, não saberemos que ela não pode ser alcançada. Voltar a mente para o darma apressa o processo da descoberta. Sempre que fazemos isso, percebemos mais uma vez que não há nenhuma esperança — não conseguimos ter nenhum chão sob nossos pés.

A diferença entre teísmo e não teísmo não está em acreditar ou não em Deus. Essa é uma questão que se aplica a todos, incluindo budistas e não budistas. O teísmo é uma arraigada convicção de que existe uma mão na qual segurar: se fizermos a coisa certa, alguém vai nos dar valor e cuidar de nós. Isso é o mesmo que achar que haverá sempre uma babá disponível quando precisarmos de uma. Todos nós temos a tendência a fugir das responsabilidades e delegar nossa autoridade a algo exterior a nós. Não teísmo é relaxar na ambiguidade e incerteza do momento presente, sem buscar algo que nos proteja. Às vezes, achamos que o darma é externo — algo em que acreditar, algo que devemos atingir. Entretanto, o darma não é uma crença ou dogma. É a total apreciação da impermanência e da mudança. Os ensinamentos desintegram-se quando tentamos agarrá-los. É preciso experimentá-los sem expectativas. Muitas pessoas corajosas e compassivas já os experimentaram e transmitiram. A mensagem é destemida — o darma nunca representou uma crença que seguimos cegamente. Ele, em absoluto, não nos dá nada a que possamos nos segurar.

Não teísmo é perceber, finalmente, que não existe babá com quem contar. Você consegue uma babá ótima e, então, ela se vai.

Não teísmo é compreender que não são apenas as babás que vêm e vão. A vida toda é assim. Essa é a verdade, e a verdade é inconveniente.

Para aqueles que desejam agarrar-se a algo, a vida é ainda mais difícil. Sob esse ponto de vista, o teísmo é um vício. Somos viciados em esperança — esperança de que a dúvida e o mistério se dissipem. Essa dependência tem um doloroso efeito sobre a sociedade: uma sociedade baseada em muitas pessoas viciadas em conseguir um apoio para si mesmas não é um lugar muito compassivo.

A primeira nobre verdade que Buda ensinou diz que, quando sofremos, isso não significa que algo está errado. Que alívio! Finalmente alguém falou a verdade. O sofrimento faz parte da vida e não devemos achar que o estamos sentindo por termos feito, pessoalmente, algo errado. Entretanto, o fato é que, quando sofremos, achamos que algo está errado. Enquanto estivermos viciados em esperança, pensaremos que podemos abrandar nossa experiência, torná-la mais intensa ou, de algum modo, modificá-la — e continuaremos a sofrer muito.

A palavra tibetana para esperança é *rewa* e para medo, *dokpa*. Mais comumente, usa-se *re-dok*, que é uma combinação das duas. Esperança e medo são um único sentimento, com dois lados. Enquanto houver um, sempre haverá o outro. *Re-dok* é a raiz de nosso sofrimento. No mundo da esperança e do medo, sempre teremos que mudar de canal, ajustar a temperatura ou procurar outra música, porque algo está se tornando desconfortável, algo está se tornando inquieto, algo está começando a doer, e nós continuamos a procurar alternativas.

No estado mental não teísta, abandonar a esperança é uma afirmação, é o início do início. Poderíamos até mesmo colocar o lembrete "Desistir da esperança" na geladeira, em vez de aspirações mais convencionais do tipo "Todos os dias, em todos os sentidos, estou me tornando cada vez melhor".

A esperança e o medo advêm de sentirmos que nos falta algo, de um sentimento de carência. Não conseguimos simplesmente relaxar em nós mesmos. Agarramos a esperança e ela nos rouba o momento presente. Achamos que talvez outra pessoa saiba o que está acontecendo, que há algo faltando em nós e, portanto, há algo faltando em nosso mundo.

Em vez de permitir que nossa negatividade acabe conosco, poderíamos reconhecer que, exatamente agora, estamos nos sentindo um lixo, sem sermos melindrosos quanto a olhar isso bem de perto. Essa é uma atitude compassiva. Essa é a atitude corajosa que deve ser tomada. Podemos cheirar o lixo. Podemos senti-lo. Qual a sua textura, cor e forma?

Podemos explorar a natureza desse lixo. Conhecer a essência da aversão, vergonha e confusão, deixando de acreditar que algo está errado. É possível abandonar a esperança fundamental de que existe um "eu" melhor que um dia surgirá. Não podemos simplesmente passar por cima de nós mesmos, como se não estivéssemos ali. É melhor olhar diretamente para nossas esperanças e medos. Então, surge uma espécie de confiança em nossa sanidade básica.

É aqui que entra a renúncia — renúncia à esperança de que nossa experiência possa ser diferente, renúncia à esperança de que possamos ser melhores. As regras monásticas budistas que recomendam abandonar o álcool, o sexo, e daí por diante, não querem dizer que esses hábitos sejam intrinsecamente maus ou imorais, mas que nós os utilizamos como babás. Nós os usamos para escapar, para conseguir alívio e distração. Quando renunciamos estamos, na verdade, desistindo da obstinada esperança de sermos salvos de nós mesmos. A renúncia é um ensinamento que nos estimula a investigar o que está acontecendo, sempre que nos agarramos a algo por não sermos capazes de enfrentar o que está surgindo.

Certa vez, em uma viagem de avião, estava sentada ao lado de um homem que a toda hora interrompia nossa conversa para tomar diversos comprimidos. Perguntei: "O que você está tomando?". Ele respondeu que eram tranquilizantes. Eu disse: "Ah! Você está nervoso?". E ele: "Não, ainda não, mas acho que vou ficar, quando chegar em casa".

Você pode rir dessa história, mas o que acontece com *você*, quando começa a se sentir desconfortável, inquieto, constrangido? Perceba o pânico, perceba como imediatamente se agarra a algo. Esse agarrar é baseado na esperança. Não agarrar chama-se desesperança.

Se esperança e medo são duas faces da mesma moeda, o mesmo ocorre com desesperança e confiança. Se estamos dispostos a desistir de esperar que a insegurança e a dor sejam exterminadas, teremos coragem de relaxar na ausência de chão de nossa situação. Esse é o primeiro passo do caminho. Se não há interesse em ir além da esperança e do medo, não há sentido em tomar refúgio no buda, no darma e na sanga. Tomar refúgio no buda, no darma e na sanga refere-se a desistir da esperança de conseguir um chão sob nossos pés. Estamos prontos para a tomada de refúgio quando esse tipo de ensinamento — quer estejamos nos sentindo completamente capazes ou não — soa como algo insistentemente familiar, semelhante à experiência de uma criança que reencontra a mãe após uma longa separação.

A desesperança é o solo básico. De outra forma, trilharíamos o caminho com a expectativa de conseguir segurança, e isso significa que não compreendemos seu propósito. Podemos praticar meditação ou estudar os ensinamentos com esperança de conseguir segurança. Podemos seguir as orientações e instruções com o mesmo objetivo. Isso só nos conduzirá à decepção e ao sofrimento. É possível economizar bastante tempo levando muito a sério esta mensagem desde já: comece o caminho sem esperança de conseguir terra firme. Comece com desesperança.

Toda ansiedade, insatisfação e as razões para desejar que nossa experiência fosse diferente têm sua raiz no medo da morte. O medo da morte está sempre ali, como pano de fundo. Como dizia Shunryu Suzuki Roshi, mestre Zen — viver é como entrar em um barco prestes a sair para o mar e afundar. Entretanto, é muito difícil — não importa quanto se fale sobre isso — acreditar na própria morte. Muitas práticas espirituais tentam nos encorajar a levar nossa própria morte a sério, mas é incrível como essa ficha é difícil de cair. A única coisa da vida com que realmente podemos contar é incrivelmente remota para todos nós. Não chegamos a dizer: "De jeito nenhum, eu não vou morrer", porque obviamente sabemos que não é assim. Mas, com certeza, será mais tarde. Essa é a grande esperança.

Certa vez, Trungpa Rinpoche deu uma palestra pública intitulada "A Morte na Vida Cotidiana". Somos criados em uma cultura que tem medo da morte e a esconde de nós. No entanto, nós a experimentamos o tempo todo. Experimentamos sob a forma de decepção, sob a forma daquilo que não dá certo, sob a forma de um permanente processo de mudança. Quando o dia acaba, quando termina um segundo, quando expiramos, essa é a morte na vida cotidiana.

A morte na vida cotidiana poderia também ser definida como experimentar tudo aquilo que não desejamos. Nosso casamento não vai bem, nosso trabalho não está dando certo. Ter um relacionamento com a morte na vida diária significa começar a ser capaz de esperar e de relaxar na insegurança, no pânico, no constrangimento, naquilo que não vai bem. À medida que os anos passam, não chamamos mais a babá tão rapidamente.

A morte e a desesperança fornecem a motivação correta para viver a vida com mais discernimento e compaixão. Entretanto, na maior parte do tempo, afastar-se da morte é nossa maior motivação. Evitamos, normalmente, qualquer tipo de problema. Tentamos sempre negar que as mudanças — a areia que está sempre escapando entre nossos dedos — são ocorrências naturais. O tempo está passando. Isso é tão natural quanto a mudança das estações ou a transformação do dia em noite. Entretanto, envelhecer, ficar doente, perder aquilo que amamos — não encaramos essas situações como ocorrências naturais. Queremos evitar a sensação de morte de qualquer modo.

Quando algo nos lembra a morte, entramos em pânico. Não se trata apenas de cortar o dedo, começar a sangrar e colocar um Band-Aid. Acrescentamos algo mais — o nosso próprio estilo. Alguns de nós sentam ali, estoicamente, e deixam que as roupas se empapem de sangue. Outros ficam histéricos. Não colocamos simplesmente um Band-Aid, chamamos a ambulância e vamos para o hospital. Alguns de nós colocam Band-Aids de grife. Não importa nosso estilo, o processo não é fácil. Não ficamos apenas no básico.

Não podemos apenas voltar ao essencial? Simplesmente voltar? Esse é o início do início. O essencial, o bom e velho "eu". O essencial, o bom e velho dedo sangrando. Volte para a casa um, para o básico mínimo. Relaxar no momento presente, na desesperança, na morte. Não resistir ao fato de que as coisas terminam, passam e não têm uma substância duradoura. De que tudo está em mudança o tempo todo — essa é a mensagem fundamental.

Quando falamos em desesperança e morte, estamos falando em encarar os fatos, sem escapismo. Podemos ainda ter todo tipo de vício, mas deixamos de acreditar neles como uma saída para a felicidade. Quantas vezes nos permitimos o prazer a curto prazo da dependência. Porque agimos assim tantas vezes, aprendemos que agarrar essa esperança é uma fonte de infelicidade que transforma o prazer a curto prazo em inferno a longo prazo.

Desistir da esperança é um estímulo a ficar do seu próprio lado, a fazer amizade consigo mesmo, a não fugir e a voltar ao essencial, não importa o que aconteça. O medo da morte constitui o pano de fundo de toda essa situação. É a razão pela qual ficamos inquietos, entramos em pânico e sentimos ansiedade. Mas, se experimentarmos completamente a desesperança, desistindo de qualquer expectativa de alternativa para o momento presente, poderemos ter uma relação prazerosa com nossa vida, uma relação honesta e direta que não mais ignora a realidade da impermanência e da morte.

OITO

As oito preocupações mundanas

Podemos achar que, de algum modo, devemos tentar erradicar esses sentimentos de prazer e dor, perda e ganho, louvor e culpa, prestígio e desonra. Entretanto, seria uma abordagem mais realista tentar conhecê-los, ver como eles nos fisgam, observar como colorem nossa percepção da realidade, perceber que não são assim tão sólidos. Então, os oito darmas mundanos se transformariam em meios para nos tornarmos mais sábios, bondosos e felizes.

Um dos ensinamentos budistas clássicos sobre esperança e medo refere-se aos chamados oito darmas mundanos, que são pares de opostos: quatro de que gostamos e a que nos apegamos, e quatro de que não gostamos e tentamos evitar. A mensagem básica é a de que sofremos quando ficamos envolvidos neles.

Em primeiro lugar, gostamos do prazer e somos apegados a ele. Ao contrário, não gostamos da dor. Em segundo lugar, gostamos de louvores e somos atraídos por eles. Tentamos evitar a crítica e a culpa. Em terceiro, gostamos de prestígio e damos valor a ele. Não gostamos da desonra e tentamos evitá-la. Finalmente, somos apegados ao ganho, a conseguir aquilo que desejamos. Não gostamos de perder o que possuímos.

De acordo com esse ensinamento muito simples, estar imerso nesses quatro pares de opostos — prazer e dor, perda e ganho, prestígio e desonra, louvor e culpa — é o que nos mantém presos ao sofrimento do samsara.

Sempre que nos sentimos bem, nossos pensamentos são geralmente sobre os aspectos de que gostamos — louvor, ganho, prazer e prestígio. Quando nos sentimos insatisfeitos, irritados e fartos, nossos pensamentos e emoções estão, provavelmente, girando em torno de algo como dor, perda, desonra e culpa.

Vamos tomar o louvor e a culpa. Alguém chega até nós e diz: "Você está velho". Se acontece de querermos ser velhos, vamos nos sentir muito bem. Ouvimos isso como elogio, sentimos grande prazer e um sentimento de ganho e prestígio. Entretanto, imagine que passamos o ano inteiro obcecados pela ideia de nos livrarmos de nossas rugas e de termos uma linha do queixo mais firme. Quando alguém diz: "Você está velho", encaramos isso como um insulto. Acabamos de ser criticados e experimentamos um sentimento de dor correspondente.

Mesmo se pararmos agora de falar sobre esse ensinamento específico, já é possível perceber que muitas de nossas variações de humor estão relacionadas com a maneira pela qual interpretamos o que acontece. Se olharmos atentamente para as alterações de nossos estados de espírito, veremos que sempre existe algo que as desencadeia. Carregamos uma realidade subjetiva que está continuamente fazendo disparar reações emocionais. Alguém diz "você está velho" e entramos em um estado mental específico — de alegria ou tristeza, de encanto ou aborrecimento. Para outra pessoa, a mesma experiência pode ser completamente neutra.

Palavras são faladas, cartas são recebidas, telefonemas são dados, o alimento é ingerido, as coisas acontecem ou não acontecem. Acordamos pela manhã, abrimos os olhos e as situações sucedem-se o dia todo, até que vamos dormir novamente. Mesmo durante o sono, muita coisa acontece. Durante toda a noite encontramos as pessoas e situações de nossos sonhos. Como reagimos ao que ocorre? Somos apegados a determinadas experiências? Rejeitamos ou evitamos outras? Quando somos fisgados pelos oito darmas mundanos?

A ironia está no fato de que somos nós mesmos que os construímos, por meio de reações ao que nos acontece. Eles não são concretos em si mesmos. Mais estranho ainda é o fato de também não sermos tão sólidos assim. Temos um conceito a respeito de nós mesmos que reconstruímos momento a momento e tentamos proteger por reflexo. Entretanto, esse conceito que estamos protegendo é questionável. É tudo "muito barulho por nada" — como empurrar e puxar uma ilusão que se desfaz.

Podemos achar que, de algum modo, devemos tentar erradicar esses sentimentos de prazer e dor, perda e ganho, louvor e culpa, prestígio e desonra. Entretanto, seria uma abordagem mais realista tentar conhecê-los, ver como eles nos fisgam, observar como colorem nossa percepção da realidade, perceber que não são assim tão sólidos. Então, os oito darmas mundanos se transformariam em meios para nos tornarmos mais sábios, bondosos e felizes.

Para começar, durante a meditação, podemos perceber como as emoções e os estados de humor estão relacionados com ter ganho ou perdido algo, ter sido elogiado ou acusado, e assim por diante. É possível notar que aquilo que começa como um simples pensamento, uma mera qualidade de energia, rapidamente se manifesta sob uma forma desenvolvida de prazer ou sofrimento. É claro que precisamos de uma certa coragem, já que gostaríamos que tudo ficasse na coluna do prazer/louvor/prestígio/ganho. Gostaríamos de nos assegurar de que tudo vai ser a nosso favor. No entanto, quando olhamos bem, vemos que não temos nenhum controle sobre o que nos acontece. Temos todo tipo de alteração de humor e reação emocional. Elas simplesmente vêm e vão, interminavelmente.

Às vezes, seremos completamente aprisionados por um drama. Ficaremos tão aborrecidos quanto ficaríamos se alguém entrasse na sala e nos desse um tapa no rosto. Nesse momento é possível pensar: "Espere um pouco — o que está acontecendo?". Olhamos para a situação e conseguimos enxergar que, de repente, sentimos que perdemos algo ou fomos insultados. Não sabemos de onde vem essa sensação, mas lá estamos nós, mais uma vez fisgados pelos oito darmas mundanos.

Exatamente nesse momento, podemos sentir essa energia, fazer o máximo para permitir que os pensamentos se dissolvam e dar a nós mesmos uma folga. Para além de todo o estardalhaço e confusão, existe um céu enorme. Bem ali, no meio da tempestade, podemos parar e relaxar.

Podemos também ser completamente levados por uma deliciosa, prazerosa fantasia. Olhamos para a situação e, do nada, sentimos que ganhamos, vencemos, fomos elogiados por algo. O que surge foge ao nosso controle e é totalmente imprevisível, como as imagens de um sonho. Entretanto, assim que se inicia, somos mais uma vez fisgados pelos oito darmas mundanos.

Os seres humanos são tão previsíveis! Um pequeno pensamento surge, cresce, e antes que possamos saber o que aconteceu, somos tomados pela esperança e pelo medo.

No século VIII, um homem notável introduziu o budismo no Tibete. Seu nome era Padmasambhava, o Nascido do Lótus. Era também chamado Guru Rinpoche. A lenda conta que, certa manhã, ele simplesmente apareceu sentado em um lótus, no meio de um lago. Diz-se que essa criança incomum nasceu totalmente desperta, sabendo, desde o primeiro momento, que os fenômenos — exteriores e interiores — não possuem absolutamente nenhuma realidade. O que ele não sabia era como funcionavam os fatos da vida cotidiana.

Era um menino muito curioso. Percebeu, desde o primeiro dia, que atraía a todos com seu brilho e beleza. Notou também que, quando estava alegre e bem-humorado, as pessoas ficavam felizes e o cobriam de elogios. O rei desse país ficou tão cativado por essa criança que levou Guru Rinpoche para viver em seu palácio e o tratava como filho.

Então, um dia, o menino foi brincar no alto do palácio, levando consigo os instrumentos rituais do rei: um sino e um cetro de metal chamado *vajra*. Feliz, dançava por ali, fazendo soar o sino e girando o vajra. Então, com grande curiosidade, atirou-os no espaço. Eles caíram na rua abaixo, sobre a cabeça de duas pessoas que passavam, matando-as imediatamente.

O povo daquele país sentiu-se tão ultrajado que exigiu que o rei expulsasse Guru Rinpoche. Nesse mesmo dia, sem bagagem ou alimentos, ele saiu sozinho para a floresta.

Essa criança curiosa havia aprendido uma poderosa lição sobre o funcionamento do mundo. A história conta que esse breve mas vívido encontro com o elogio e a culpa era tudo de que ele precisava para compreender o movimento do samsara na vida cotidiana. A partir desse momento, abandonou a esperança e o medo, e trabalhou com entusiasmo para despertar os outros.

Também podemos viver assim. Em tudo que fazemos, podemos explorar esses pares de opostos tão familiares. Em vez de cair automaticamente nos padrões habituais, podemos começar a perceber como reagimos quando alguém nos faz um elogio. Como reagimos quando alguém nos culpa? Como reagimos quando perdemos alguma coisa? E quando achamos que ganhamos algo? Quando sentimos prazer ou dor, isso é simples? Apenas sentimos prazer ou dor? Ou existe todo um roteiro que se desenrola paralelamente?

Quando nos tornamos inquisitivos sobre esses fatos, olhamos para eles, vemos quem somos e o que fazemos com a curiosidade de uma criança, aquilo que parecia um problema transforma-se em fonte de sabedoria. Estranhamente, essa curiosidade começa a cortar pela raiz o que chamamos de sofrimento do ego ou autocentramento e enxergamos com mais clareza. Normalmente, somos levados por sentimentos de prazer e dor. Somos levados por eles em qualquer dessas direções, reagimos com nosso estilo habitual e nem ao menos percebemos o que está acontecendo. Antes de nos darmos conta, já escrevemos uma novela sobre os grandes erros de alguém, sobre nossos grandes acertos, ou sobre nossas justas razões para conseguir isso ou aquilo. Quando começamos a compreender esse processo como um todo, ele se torna muito mais leve.

Somos como crianças construindo um castelo de areia. Nós o enfeitamos com lindas conchas, pedaços de madeira e caquinhos de vidro colorido. O castelo é nosso, proibido para os outros. Se alguém o ameaça, estamos dispostos a defendê-lo. No entanto, apesar de nosso apego, sabemos que, inevitavelmente, ele será levado pela maré. O truque está em desfrutar dele ao máximo, sem se apegar e, quando chegar uma onda, deixar que ele se dissolva no mar.

Permitir que as coisas se dissolvam é, às vezes, chamado de desapego, mas sem a qualidade fria e distante que frequentemente se associa a essa palavra. Neste caso, o desapego inclui mais bondade e profunda intimidade. Na verdade, é um desejo de conhecer semelhante à curiosidade de uma criança de três anos. Queremos conhecer nossa dor para podermos parar de fugir interminavelmente. Queremos conhecer nosso prazer para podermos parar de agarrar continuamente. Então, de algum modo, nossas perguntas tornam-se mais amplas e nossa curiosidade, mais vasta. Queremos entender a perda, de modo que possamos compreender os demais quando sua vida desmorona. Queremos entender o ganho, para que possamos compreender outras pessoas quando estão encantadas ou quando se tornam arrogantes, empolgadas e envaidecidas.

Quando nos tornamos mais perspicazes e compassivos diante de nossas próprias dificuldades, espontaneamente sentimos mais ternura pelos outros seres humanos. Ao conhecer nossa própria confusão, ficamos mais dispostos e capazes para colocar a mão na massa e tentar aliviar a confusão dos outros. Se não olharmos para a esperança e o medo, observarmos os pensamentos que surgem e a reação em cadeia que se segue — se não nos treinarmos para ficar sentados, unidos a essa energia, sem sermos tomados pelo drama — vamos sempre sentir medo. O mundo em que vivemos, as pessoas que encontramos, os seres que surgem no vão da porta — tudo vai se tornar cada vez mais ameaçador.

Portanto, começamos simplesmente olhando para nossos próprios corações e mentes. Provavelmente, começamos a olhar porque nos sentimos inadequados ou estamos sofrendo e queremos entrar nos eixos. Gradualmente, entretanto, nossa prática evolui. Começamos a compreender que, assim como nós, outras pessoas estão também sendo fisgadas pela esperança e medo. Por toda parte, vemos a angústia causada pela crença nos oito darmas mundanos. Fica também bastante óbvio que as pessoas precisam de ajuda e que não há como ajudar alguém sem antes começar consigo mesmo.

Nossa motivação para a prática começa a mudar e desejamos nos tornar mais suaves e sensatos pelo bem de outras pessoas. Ainda desejamos ver como nossa mente funciona e como somos seduzidos pelo samsara, mas não mais apenas por nós mesmos. Passa a ser por nossos companheiros, filhos, chefes — pelo dilema humano em sua totalidade.

NOVE

Os seis tipos de solidão

Normalmente vemos a solidão como um inimigo. A melancolia não é algo que escolhemos convidar. Ela é inquieta, fértil e ardente pelo desejo de escapar e encontrar alguma coisa ou alguém que nos faça companhia. Quando conseguimos repousar no caminho do meio, começamos a ter um relacionamento não ameaçador com a solidão, uma solidão relaxante e refrescante que transforma radicalmente nossos amedrontados padrões habituais.

Não há ponto de referência no caminho do meio. A mente, sem ponto de referência, não se define, não se fixa, não se agarra. Como é possível não ter um ponto de referência? Isso seria mudar uma resposta arraigada e habitual diante do mundo: querer que as coisas funcionem bem, de um jeito ou de outro. Se não podemos virar nem para a esquerda nem para a direita, achamos que vamos morrer! Quando não escolhemos uma direção, temos a sensação de estar em uma clínica de desintoxicação. Sentimos a angústia da abstinência, com toda a irritação que temos tentado evitar por meio de nosso padrão habitual. Esse sentimento pode ser bastante penoso.

No entanto, anos e anos de virar para um lado ou para outro, de escolher sim ou não, de dizer certo ou errado nunca mudaram, de fato, coisa alguma. Lutar por segurança nunca trouxe nada além de alegria momentânea. Assemelha-se a mudar a posição das pernas durante a meditação. Nossas pernas cruzadas começam a doer e nós as movemos. Então, pensamos: "Puxa! Que alívio!". Mas, dois minutos e meio depois, queremos movê-las novamente. Ficamos girando, procurando prazer, procurando conforto, e a satisfação que conseguimos tem vida muito curta.

Ouvimos muito falar sobre a dor do samsara e também sobre liberação. Mas não se fala muito sobre quanto é doloroso sair do aprisionamento para a liberdade. Esse processo exige enorme coragem, já que, basicamente, estamos mudando totalmente nossa percepção da realidade — algo como mudar nosso DNA. Estamos desfazendo um padrão que não é apenas nosso, mas de toda a humanidade: projetamos sobre o mundo um trilhão de possibilidades para alcançar a solução. Queremos ter dentes mais brancos, um gramado sem ervas daninhas, uma vida sem antagonismo, um mundo sem confusão. Queremos viver felizes para sempre. Esse padrão nos mantém insatisfeitos e nos causa muito sofrimento.

Como seres humanos, não apenas buscamos uma solução — achamos que a merecemos. Entretanto, não apenas não merecemos uma solução — sofremos por causa dela. Na verdade, temos direito a algo melhor, àquilo que é nosso direito inato, ao caminho do meio — um estado mental aberto onde é possível relaxar no paradoxo e na ambiguidade. Na medida em que temos evitado a incerteza vamos, naturalmente, sentir os sintomas da privação — de deixar de pensar que existe um problema e que alguém, em algum lugar, precisa resolvê-lo.

O caminho do meio é muito aberto, mas não é fácil caminhar por ele, pois vai contra a textura de um antigo padrão neurótico que todos nós compartilhamos. Quando nos sentimos sozinhos, quando estamos desesperados, sentimos necessidade de virar para a esquerda ou para a direita. Não desejamos sentar e experimentar o que estamos sentindo. Não queremos passar pela desintoxicação. Mas é exatamente isso que o caminho do meio nos encoraja a fazer. Ele nos estimula a despertar a coragem que existe em cada um de nós, sem exceção, que existe em mim e em você.

A meditação nos fornece um método para nos treinarmos no caminho do meio — para estarmos exatamente ali, naquele lugar. Somos encorajados a não julgar o que surge em nossa mente. Na verdade, somos encorajados a nem mesmo agarrar qualquer coisa que surja em nossa mente. Reconhecemos simplesmente como "pensando" aquilo que normalmente chamamos de bom ou mal, sem todo o drama habitual que acompanha o certo e o errado. Somos instruídos a permitir que os pensamentos venham e se dissolvam, como se estivéssemos tocando em uma bolha com uma pena. Essa disciplina direta nos leva a parar de lutar e a descobrir uma disposição nova e imparcial.

Quando experimentamos determinados sentimentos podemos perceber como eles são especialmente férteis e cheios de expectativa de solução: solidão, tédio, ansiedade. Não é fácil permanecer no caminho do meio quando os estamos sentindo e isso só será possível se pudermos relaxar nesses sentimentos. Queremos vitória ou derrota, elogios ou culpa. Quando alguém nos abandona, por exemplo, não queremos permanecer com esse penoso mal-estar. Em vez disso, evocamos mentalmente nossa bem conhecida identidade de vítima infeliz. Talvez tentemos evitar a rudeza da situação dissimulando e, cheios de razão, dizendo a essa pessoa o quanto ela é confusa. Automaticamente, desejamos encobrir a dor, de uma forma ou de outra, por meio da identificação com o vitorioso ou com a vítima.

Normalmente vemos a solidão como um inimigo. A melancolia não é algo que escolhemos convidar. Ela é inquieta, fértil e ardente pelo desejo de escapar e encontrar alguma coisa ou alguém que nos faça companhia. Quando conseguimos repousar no caminho do meio, começamos a ter um relacionamento não ameaçador com a solidão, uma solidão relaxante e refrescante que transforma radicalmente nossos amedrontados padrões habituais.

Existem seis atitudes para descrever esse tipo de solidão refrescante: desejar menos, contentar-se, evitar a atividade desnecessária, ter total disciplina, não vagar pelo mundo do desejo e não buscar segurança nos pensamentos discursivos.

Desejar menos é a disposição para estar solitário sem buscar uma solução, quando tudo em nós anseia por algo que nos anime e mude nosso estado de espírito. Praticar esse tipo de solidão é uma forma de espalhar sementes para que a inquietação fundamental diminua. Na meditação, por exemplo, cada vez que rotulamos "pensando", em vez de ficar interminavelmente às voltas com nossos próprios pensamentos, estamos apenas treinando estar exatamente ali, sem dissociação. Não conseguimos fazer isso agora, na medida em que não estávamos dispostos a fazê-lo ontem, anteontem, na semana passada ou no ano passado. Mas, após praticarmos o desejar menos com persistência e coerência, alguma coisa muda. Temos menos desejo, no sentido de sermos menos solidamente seduzidos por nossa História Importantíssima. Assim, o caminho do guerreiro consiste em, diante da intensa solidão, conseguir sentar com essa inquietação durante 1,6 segundos, enquanto que, no dia anterior, era impossível estar com ela durante um único segundo. Esse é o caminho da coragem. Quanto menos nos dispersamos e enlouquecemos, mais saboreamos a satisfação da solidão refrescante. Como dizia frequentemente Katagiri Roshi, mestre Zen: "É possível ser solitário e não se sentir devastado por isso".

Contentar-se é o segundo tipo de solidão. Quando não temos nada, não temos nada a perder. Nada temos a perder, a não ser nosso forte condicionamento para achar que temos muito a perder. Essa sensação tem suas raízes no medo — medo da solidão, da mudança, de tudo que não pode ser solucionado, da não existência. A esperança de evitar esses sentimentos e o medo de não consegui-lo tornam-se nossos pontos de referência.

Se desenharmos uma linha vertical no centro de uma página, saberemos quem somos se estivermos do lado direito ou do lado esquerdo. Mas ficamos sem saber quem somos, quando não nos posicionamos em nenhum dos lados. Então, simplesmente não sabemos o que fazer. Simplesmente não sabemos. Não temos um ponto de referência, uma mão para segurar. Nesse momento, podemos nos apavorar ou nos aquietar. Contentamento é sinônimo de solidão, de solidão tranquila, de acomodar-se na solidão refrescante. Desistir de acreditar que somos capazes de fugir de nossa solidão não vai nos trazer algum tipo de felicidade, alegria, bem-estar, coragem ou força duradouras. Normalmente, precisamos desistir dessa crença um bilhão de vezes, mais uma vez fazendo amizade com nossos sobressaltos e medos, repetindo a mesma coisa milhões de vezes, conscientemente. Então, sem que saibamos como, alguma coisa começa a mudar. Podemos ser simplesmente solitários, sem alternativas, satisfeitos por estarmos exatamente ali, na qualidade e textura do que está acontecendo.

Evitar a atividade desnecessária é o terceiro tipo de solidão. Quando estamos solitários de um modo "intenso", procuramos algo que nos salve, procuramos uma saída. Temos esse desagradável sentimento que chamamos de solidão e nossa mente simplesmente se descontrola, tentando encontrar alguma companhia que nos livre do desespero. Essa é a chamada atividade desnecessária — uma maneira de nos mantermos ocupados para não termos de sentir nenhuma dor. Esse processo pode assumir a forma de fantasiar obsessivamente o amor verdadeiro, de espalhar uma ótima fofoca aos quatro ventos, ou ainda de fugir sozinho para o deserto. A questão é que, com todas essas atividades, estamos buscando companhia de nosso modo costumeiro e habitual, usando as mesmas velhas e repetitivas fórmulas para afastar o demônio da solidão. Não poderíamos apenas nos aquietar e mostrar algum respeito e compaixão diante de nós mesmos? Poderíamos parar de evitar estarmos sozinhos conosco mesmos? Que tal praticar deixar de sobressaltar-se e agarrar-se a algo no momento em que começamos a entrar em pânico? Relaxar na solidão é uma atividade que vale a pena. Como diz o poeta japonês Ryokan: "Se quiser encontrar o sentido, pare de correr atrás de tantas coisas".

Outro componente da solidão refrescante é a disciplina total, que relaciona-se com estarmos dispostos a voltar a cada momento, a simplesmente voltar com suavidade para o momento presente. Essa é a solidão como disciplina total. Estamos dispostos a sentar quietos, apenas estando ali, sozinhos. Não precisamos cultivar especificamente esse tipo de solidão; podemos apenas sentar quietos o bastante para perceber como as coisas realmente são. Somos fundamentalmente sós, e não há nada, em lugar algum, em que possamos nos agarrar. Além do mais, isso não é um problema. Na verdade, isso nos permite, finalmente, descobrir uma maneira de ser totalmente desconstruída. Nossas premissas habituais — todos os nossos conceitos sobre como as coisas são — impedem-nos de ter uma visão nova e aberta. Dizemos: "Sim, eu sei". Mas não sabemos. Em última análise, não sabemos nada. Não existe certeza sobre coisa alguma. Essa verdade fundamental causa dor e queremos fugir dela. Entretanto, voltar para algo tão familiar quanto a solidão e relaxar nela representa um bom exercício para perceber a profundidade das situações mal resolvidas de nossa vida. Estamos nos enganando quando fugimos da ambiguidade da solidão.

Não vagar pelo mundo do desejo é outra maneira de descrever a solidão refrescante. Vagar pelo mundo do desejo envolve procurar alternativas, buscar algo que nos conforte — comida, bebidas, pessoas. A palavra desejo inclui aquela qualidade de vício que já mencionamos, nossa tendência a nos apegarmos a algo porque queremos encontrar uma maneira de deixar tudo bem. Isso decorre de nunca termos crescido. Ainda queremos ir para casa, abrir a geladeira e encontrá-la cheia de nossas guloseimas favoritas. Quando a situação fica difícil, queremos gritar: "Mamãe!". À medida que continuamos no caminho, porém, deixamos nossa casa e nos tornamos desabrigados. Não vagar pelo mundo do desejo tem a ver com relacionar-se diretamente com as situações, do modo como são. A solidão não é um problema. Não é algo que precisa ser resolvido, e o mesmo é verdadeiro para qualquer outra experiência que possamos ter.

Não buscar segurança nos pensamentos discursivos é outro aspecto da solidão refrescante. Puxaram nosso tapete, a festa acabou, desta vez não temos saída! Não buscamos nem mesmo a companhia de nossa constante conversa interior sobre como as coisas são ou não são, sobre se são ou não são, sobre como deveriam ou não deveriam ser, como poderiam ou não poderiam ser. Na solidão refrescante, não esperamos que nossa tagarelice interior nos traga segurança. Essa é a razão pela qual somos instruídos a rotulá-la "pensando". Ela não possui realidade objetiva, é transparente e não pode ser agarrada. Somos encorajados a apenas tocar essa tagarelice e a permitir que se vá, sem fazer muito barulho por nada.

A solidão refrescante nos permite olhar honestamente e sem agressão para nossa própria mente. Gradualmente, podemos deixar de lado nossos ideais sobre quem achamos que deveríamos ser, quem achamos que queríamos ser, ou quem achamos que os outros acham que queríamos ou deveríamos ser. Desistimos e apenas olhamos diretamente, com humor e compaixão, para aquilo que somos. Então, a solidão não representa mais ameaça e a melancolia deixa de ser punição.

A solidão refrescante não nos fornece soluções e não nos dá um apoio. Ela nos desafia a entrar em um mundo onde não existe ponto de referência, sem polarizá-lo e sem cristalizá-lo. Esse processo é chamado caminho do meio ou a trilha sagrada do guerreiro.

Você saberia aproveitar essa oportunidade de ouro, quando acordar pela manhã e, de repente, começar o sofrimento da alienação e solidão? Em vez de se atormentar ou sentir que algo terrivelmente errado está acontecendo, exatamente ali, no momento da tristeza e da saudade, poderia relaxar e tocar o espaço ilimitado do coração humano? Experimente, da próxima vez em que tiver essa oportunidade.

DEZ

Ser curioso em relação à vida

Reconheça a impermanência, o sofrimento e a ausência de ego e seja curioso diante de suas reações. Descubra a paz por si mesmo, e se é ou não verdade que nossa situação fundamental é alegre.

Existem três verdades — tradicionalmente chamadas as três marcas — sobre nossa existência: impermanência, sofrimento e ausência de ego. Embora descrevam com precisão as qualidades fundamentais de nossa vida, essas palavras soam ameaçadoras. Frequentemente achamos que há algo errado com a impermanência, o sofrimento e a ausência de ego, o que equivale a pensar o mesmo de nossa situação fundamental. Mas não há nada errado com essas características — elas podem ser celebradas. Nossa situação fundamental é alegre.

A impermanência é a virtude da realidade. Exatamente como as quatro estações, sempre em contínuo fluxo — o inverno transformando-se em primavera e o verão em outono. Assim como o dia torna-se noite, a luz torna-se escuridão e luz mais uma vez — da mesma forma, tudo se transforma constantemente. A impermanência é a essência de tudo. Bebês transformam-se em crianças, adolescentes, adultos, velhos e, em algum ponto do caminho, morrem. Impermanência é encontrar-se e separar-se. É apaixonar-se e desapaixonar-se. A impermanência é doce e amarga, como comprar uma camisa nova e, anos mais tarde, vê-la transformada em um pedaço de uma colcha de retalhos.

As pessoas não respeitam a impermanência. Não a apreciamos. Na verdade, ela nos causa desespero e a vemos como sofrimento. Tentamos resistir a ela fazendo coisas que durem — para sempre, dizemos — coisas que não precisem ser lavadas, que não precisem ser passadas a ferro. De algum modo, nesse processo de tentar negar que tudo está sempre em mudança, perdemos nossa percepção do sagrado da vida. Temos uma tendência a esquecer que fazemos parte do esquema natural das coisas.

A impermanência é o princípio da harmonia. Quando não lutamos contra ela, estamos em harmonia com a realidade. Muitas culturas celebram esse vínculo. Existem cerimônias marcando todas as transformações da vida, do nascimento à morte, assim como encontrar-se e separar-se, ir à guerra, perder a guerra, vencer a guerra. Nós também podemos reconhecer, respeitar e celebrar a impermanência.

Mas, e o sofrimento? Por que celebraríamos o sofrimento? Isso não parece masoquismo? Entretanto, nosso sofrimento baseia-se, em grande parte, no medo da impermanência. Nossa dor está firmemente enraizada em uma visão unilateral e desequilibrada da realidade. Quem teve a ideia de que é possível ter prazer sem dor? Essa noção é amplamente divulgada no mundo e nós lhe damos crédito. Entretanto, prazer e dor certamente andam juntos — são inseparáveis. Eles podem ser celebrados. São normais. O nascimento é doloroso e maravilhoso. A morte é dolorosa e maravilhosa. Tudo que acaba é também o início de algo novo. A dor não é uma punição, o prazer não é uma recompensa.

O entusiasmo e o desânimo são inseparáveis. Sempre queremos nos livrar da infelicidade, em lugar de perceber que ela atua juntamente com a alegria. O sentido não está em cultivar um dos lados, em oposição ao outro, mas em relacionar-se adequadamente com o estado em que estamos. O entusiasmo e o desânimo se complementam. Quando temos somente entusiasmo, ficamos arrogantes. Quando temos somente desânimo, perdemos nossa visão. Sentir entusiasmo nos anima e nos faz perceber o quanto o mundo é vasto e maravilhoso. Sentir desânimo nos deixa humildes. A glória de nosso entusiasmo nos conecta com o sagrado no mundo. Mas, quando viram a mesa e nos sentimos desanimados, somos suavizados. Nosso coração amadurece. Esse processo torna-se a base para compreendermos os outros. Tanto o entusiasmo quanto o desânimo podem ser celebrados. Podemos ser grandes e pequenos ao mesmo tempo.

É também possível celebrar a ausência de ego? Frequentemente achamos que a ausência de ego representa uma grande perda, mas, na verdade, ela é um ganho. O reconhecimento da ausência de ego, nosso estado natural, assemelha-se a recuperar a visão, após ter sido cego, ou a recuperar a audição, após ter sido surdo. A ausência de ego tem sido comparada aos raios do sol. Sem que haja um sol sólido, seus raios apenas brilham. Da mesma forma, quando não estamos tão preocupados conosco mesmos, o estado desperto naturalmente se irradia. Ausência de ego é o mesmo que bondade fundamental ou natureza búdica, é nosso ser incondicional. É aquilo que sempre possuímos e nunca perdemos realmente.

O ego pode ser definido como aquilo que encobre a bondade fundamental. O que o ego está escondendo, do ponto de vista empírico? Está escondendo nossa experiência de estarmos apenas aqui, o simples fato de estarmos plenamente aqui, que nos possibilita uma relação imediata com o que acontece. A ausência de ego é um estado mental que implica total confiança no sagrado do mundo. Consiste em bem-estar e alegria incondicionais e inclui todas as diferentes qualidades de nossa experiência.

Portanto, como celebrar a impermanência, o sofrimento e a ausência de ego em nossa vida cotidiana? Quando a impermanência se apresenta em nossa vida, podemos reconhecê-la como tal. Não precisamos procurar oportunidades para encontrá-la. Se acabar a tinta da caneta no meio de uma carta muito importante, reconheça esse fato como impermanência, como parte de todo o ciclo da vida. Quando nascer alguém, quando morrer alguém, reconheça como impermanência. Faça o mesmo quando seu carro for roubado, quando se apaixonar, e permita que esse reconhecimento intensifique o grande valor dessas situações. Se um relacionamento terminar, reconheça como impermanência. Existem inúmeros exemplos em nossa vida diária, o tempo todo, desde o momento em que acordamos, até a hora em que vamos dormir, e mesmo enquanto estamos sonhando. Essa é uma prática que dura 24 horas por dia. Reconheça a impermanência como impermanência.

Podemos, então, perceber nossa reação diante dela. É aqui que entra a curiosidade. Normalmente, reagimos de forma habitual aos acontecimentos da vida. Ficamos ressentidos ou alegres, emocionados ou decepcionados. Não há nenhuma inteligência envolvida, nenhum bom humor. Entretanto, quando reconhecemos a impermanência como tal, podemos também perceber nossa reação. Isso é chamado estar presente, consciente, ser curioso, inquisitivo, prestar atenção. Independente do nome que dermos, essa é uma prática muito útil e representa a prática de conhecer a si mesmo completamente.

Quando o sofrimento surgir em nossa vida, podemos reconhecê-lo como sofrimento. Quando obtivermos aquilo que não queremos, quando não conseguirmos aquilo que queremos, quando ficarmos doentes, envelhecermos ou estivermos morrendo — diante de qualquer dessas situações da vida, podemos reconhecer o sofrimento como sofrimento. Podemos, então, ser curiosos, perceber e observar nossas reações. Mais uma vez, normalmente, ficamos ressentidos, temos a sensação de que fomos enganados ou nos sentimos encantados. Qualquer que seja nossa reação, ela é geralmente habitual. Em vez disso, podemos ver o próximo impulso surgir e a direção que seguimos a partir dali. Isso não é bom ou ruim, é apenas o que acontece como reação ao prazer e à dor de nossa existência. Podemos simplesmente ver, sem julgamento, sem a intenção de melhorar nossa resposta.

Quando a ausência de ego surgir, podemos reconhecê-la como ausência de ego — um momento novo, uma clara percepção do olfato, da visão, da audição, um sentimento de abertura diante das emoções e pensamentos, em vez do fechamento dentro de nosso "eu" estreito e limitado. Quando percebemos a amplidão em nossa vida, quando sentimos uma lacuna na contínua conversa que mantemos conosco mesmos, quando subitamente notamos o que está à nossa frente, quando olhamos de modo diferente, claro e inédito para a realidade, podemos reconhecer esse processo como ausência de ego. Não é preciso dar grande importância a isso. A ausência de ego está disponível o tempo todo, sob a forma de frescor, abertura e encantamento em nossas percepções. É bastante curioso, mas também experimentamos a ausência de ego quando não sabemos o que está acontecendo, quando perdemos nosso ponto de referência, quando levamos um choque e nossa mente fica paralisada. Podemos observar nossa reação. Às vezes, nos abrimos um pouco mais. Às vezes, nós nos fechamos rapidamente. De qualquer modo, quando a ausência de ego ocorrer em nossa vida, podemos reconhecê-la como tal. Nossas reações e o que acontece em seguida podem ser objeto de observação, curiosidade e atenção.

Frequentemente, diz-se que a paz é a quarta marca da existência. Não se trata da paz em oposição à guerra, mas do bem-estar que surge quando vemos os infinitos pares de opostos como complementares. Se existe beleza, deve existir fealdade. Se existe o certo, existe o errado. Sabedoria e ignorância não podem ser separadas. Essa é uma antiga verdade que homens e mulheres como nós vêm descobrindo há muito tempo. Ao cultivar a curiosidade a cada momento, podemos descobrir que, com o correr dos dias, alcançamos esse tipo de paz e começamos a compreender tudo aquilo que tem sido descrito em tantos livros.

Portanto, não tome nada como certo e não acredite em tudo que dizem a você. Sem ser cético ou ingênuo, olhe para a qualidade viva do darma. Reconheça a impermanência, o sofrimento e a ausência de ego em sua vida mais cotidiana, e seja curioso diante de suas reações. Descubra a paz por si mesmo, e se é ou não verdade que nossa situação fundamental é alegre.

ONZE

A não agressão e os quatro maras

Todos os maras indicam o caminho para ser completamente desperto e vivo, por meio do deixar ir, do permitir-se morrer, momento a momento, ao final de cada expiração. Quando despertamos, podemos viver plenamente, sem buscar o prazer e evitar a dor, sem recriar a nós mesmos no momento em que desmoronamos.

Na noite em que atingiria a iluminação, o Buda sentou-se sob uma árvore. Enquanto estava ali, foi atacado pelas tropas de Mara. Conta a história que foram lançadas espadas e flechas contra ele e que essas armas se transformaram em flores.

O que significa essa história? No meu entender, quer dizer que aquilo que normalmente vemos como obstáculo, na verdade, não é um inimigo, mas nosso amigo. O que chamamos de obstáculo é a forma pela qual o mundo e nossa experiência como um todo nos mostram onde estamos presos. É possível experimentar aquilo que se parece com uma flecha ou espada como sendo uma flor. Depende inteiramente de nossa percepção da realidade se vamos experimentar o que nos acontece como obstáculo e inimigo, ou como mestre e amigo. Depende de nosso relacionamento conosco mesmos.

Os ensinamentos dizem que os obstáculos surgem interna e externamente. Neste contexto, no nível externo, temos a sensação de que algo ou alguém nos feriu, interferindo na harmonia ou paz que julgávamos ser nossa. Algum pilantra estragou tudo. Esse tipo específico de percepção do obstáculo acontece nos relacionamentos e em muitas outras situações. Nós nos sentimos decepcionados, magoados, confusos e atacados de diversas maneiras. As pessoas têm se sentido assim desde o início dos tempos.

Internamente, talvez nada nos ataque de verdade, além de nossa própria confusão. Talvez não exista um obstáculo sólido, além da própria necessidade de proteger-se contra ser atingido. Talvez o único inimigo seja o fato de que não gostamos da realidade como ela é *agora* e, por isso, queremos que ela se afaste rapidamente. Entretanto, como praticantes, descobrimos que nada se afasta até que tenhamos aprendido o que precisamos aprender. Se corrermos a mais de cem quilômetros por hora até o outro extremo do continente para nos livrarmos de um obstáculo, encontraremos exatamente o mesmo problema esperando por nós quando chegarmos lá. Ele continua voltando com novos nomes, formas e manifestações, até aprendermos o que ele tem a nos ensinar sobre como nos distanciamos da realidade, como recuamos em vez de abrir, como nos fechamos em vez de permitir uma experiência integral daquilo que encontramos, sem hesitar ou bater em retirada para dentro de nós mesmos.

Certa vez, Trungpa Rinpoche perguntou a um grupo de alunos: "O que vocês fazem quando são pressionados? O que vocês fazem quando as coisas ficam insuportáveis?". Todos nós ficamos sentados ali, pensando no que responder. Então, ele nos chamou um por um. Estávamos tão assustados que respondemos com muita sinceridade. A maioria de nós disse algo no sentido de que desmoronávamos completamente, esquecíamos totalmente a prática e tínhamos reações muito habituais. Não é preciso dizer que, após esse episódio, passamos a perceber muito claramente o que fazíamos quando nos sentíamos atacados, traídos ou confusos, quando nos deparávamos com situações insuportáveis ou inaceitáveis. Começamos realmente a perceber o que fazíamos. Nós nos fechávamos ou abríamos? Nós nos sentíamos ressentidos e amargos ou nos suavizávamos? Nós nos tornávamos mais sábios ou mais ignorantes? Como resultado do sofrimento, aprendíamos mais, ou menos, sobre o que é um ser humano? Ficávamos mais críticos ou mais generosos em relação ao mundo? Éramos penetrados pelas flechas ou as transformávamos em flores?

Os ensinamentos tradicionais sobre as tropas de Mara descrevem a natureza dos obstáculos e como os seres humanos normalmente tornam-se confusos e perdem a confiança na mente básica de sabedoria. Os maras descrevem nossas manobras bem conhecidas para evitar o que está acontecendo.

Existem quatro maras. O primeiro é chamado *devaputra mara* e tem a ver com buscar o prazer. O segundo, *skandha mara*, lida com a maneira pela qual sempre tentamos nos recriar, tentamos recuperar algum terreno, tentamos ser quem achamos que somos. O terceiro é *klesha mara* e relaciona-se com a forma pela qual usamos nossas emoções para permanecer cegos ou adormecidos. O quarto, *yama mara*, refere-se ao medo da morte. A descrição desses quatro maras nos mostra as quatro maneiras pelas quais nós, exatamente como o Buda, estamos aparentemente sendo atacados.

Devaputra mara envolve buscar o prazer. Ele funciona assim: quando nos sentimos desajeitados ou constrangidos, quando o sofrimento se apresenta sob qualquer forma, corremos como loucos atrás de algum conforto. Todo obstáculo que encontramos tem o poder de nos puxar totalmente o tapete, de fazer estourar a bolha de realidade que considerávamos segura e infalível. Quando nos sentimos ameaçados, não podemos suportar a dor, a irritação, a ansiedade, o doloroso aperto no estômago, o calor da raiva que sobe, o gosto amargo do ressentimento. Por isso, tentamos nos agarrar a algo prazeroso. Reagimos com o hábito tragicamente humano de buscar o prazer e tentar evitar a dor.

Devaputra mara é uma boa descrição de como estamos todos viciados em fugir da dor. Quando o sofrimento surge, buscamos continuamente uma forma de aniquilá-lo. Podemos, talvez, beber, usar drogas, ou apenas mascar chiclete ou ligar o rádio. Podemos até mesmo usar a meditação como uma forma de escapar dos aspectos mais constrangedores, desagradáveis e penetrantes da condição de estar vivo. Alguém acaba de nos lançar uma flecha ou erguer uma espada e nós, em vez de permitir que elas se transformem em flores, corremos, tentando escapar de qualquer forma. Existem, é claro, infinitas maneiras de buscar o prazer e evitar a dor.

Entretanto, não precisamos considerar a busca do prazer como um obstáculo. Ao contrário, tentar obter prazer é uma oportunidade para observar o que fazemos diante da dor. Em vez de fugir, evitando sentir-se desconfortável e descentralizado, podemos começar a abrir o coração para o dilema humano que causa tanto sofrimento neste mundo. Podemos perceber que abrir o coração e observar como tentamos escapar é uma forma de transformar a flecha do *devaputra* em flor. Com enorme brandura e clareza, podemos ver quanto somos fracos. Desse modo, é possível descobrir que aquilo que parecia feio é, na verdade, uma fonte de sabedoria e uma forma de nos reconectarmos com nossa mente básica de sabedoria.

Skandha mara é como reagimos quando nos puxam o tapete. Sentimos que perdemos tudo aquilo que é bom e fomos jogados para fora do ninho. Vagamos pelo espaço, sem uma pista do que vai acontecer em seguida. Estamos em uma terra de ninguém. Temos tudo organizado, funcionando bem e, de repente, a bomba atômica é atirada, estilhaçando nosso mundo em mil pedaços. Não sabemos o que vem a seguir e nem mesmo onde estamos. Então, recriamos a nós mesmos. Voltamos ao território sólido de nossa autoimagem o mais rápido possível. Trungpa Rinpoche costumava chamar isso de "saudade do samsara".

Nosso mundo inteiro desaba e nos é dada essa grande oportunidade. Entretanto, não confiamos na mente básica de sabedoria o bastante para permitir que as coisas fiquem como estão. Nossa reação habitual é querer ter a nós mesmos de volta — até mesmo nossa raiva, ressentimento, medo ou confusão. Assim, recriamos nossa personalidade sólida e imóvel, como se fôssemos Michelangelo esculpindo no mármore nossa própria escultura.

Em lugar de tragédia ou novela, esse mara parece-se mais com um seriado cômico. Exatamente quando estamos prestes a compreender algo de fato, permitindo que nosso coração se abra verdadeiramente, quando temos a oportunidade de ver com clareza, colocamos uma máscara de Groucho Marx, com sobrancelhas peludas e nariz enorme. Então, nós nos recusamos a rir ou a nos soltarmos, porque podemos descobrir — sabe-se lá o quê!

Mais uma vez, esse processo não precisa ser considerado um obstáculo ou um problema. Embora se pareça com uma flecha ou espada, ele se transformará em flor, se o usarmos como oportunidade para perceber como tentamos nos recriar continuamente. Podemos nos permitir ser curiosos e abertos em relação ao que acabou de acontecer e ao que virá em seguida. Em vez de lutar para reconquistar nossos conceitos a respeito de quem somos, entramos em contato com a mente que simplesmente não sabe que é a mente básica de sabedoria.

O *klesha mara* se caracteriza por fortes emoções. Um simples sentimento surge e, em vez de apenas permitir que ele esteja ali, entramos em pânico. Começamos a tecer nossos pensamentos formando a trama de uma história, o que dá origem a emoções ainda mais intensas. Em lugar de apenas sentar, de algum modo abertos para nossos próprios sentimentos-desconfortáveis, pegamos os foles e atiçamos o fogo. Com nossos pensamentos e emoções, nós mantemos esse sentimento de desconforto inflamado e quente — não deixamos que ele se apague.

Quando tudo desmorona e nos sentimos incertos, decepcionados, sobressaltados e confusos, o que nos resta é uma mente clara, fresca e imparcial. Mas não enxergamos isso. Ao contrário, sentimos o constrangimento e a incerteza de estar em uma terra de ninguém, ampliamos esses sentimentos e marchamos com eles pela rua, carregando bandeiras que proclamam quando tudo vai mal. Batemos em todas as portas, pedindo às pessoas que assinem nosso manifesto, até termos todo um exército que concorde com nossa opinião. Esquecemos o que aprendemos com a meditação e que sabemos ser verdadeiro. Quando sentimentos realmente fortes surgem, todas as doutrinas e crenças a que nos agarramos parecem insignificantes, já que as emoções são muito mais poderosas.

Desse modo, o que se inicia como um imenso espaço aberto transforma-se em um incêndio na floresta, em uma guerra mundial, na erupção de um vulcão, em um maremoto. *Usamos* nossas emoções. Nós as *usamos*. Em sua essência, elas são simplesmente parte da graça de estar vivo, mas, em vez de permitir que existam, nós as tomamos e utilizamos para reconquistar nosso território. Nós as usamos para tentar negar o fato de que ninguém jamais soube ou saberá o que está acontecendo. Nós as usamos para tentar tornar tudo seguro, real e previsível de novo, para nos enganarmos sobre o que é realmente verdadeiro. Podemos apenas sentar com a energia emocional e deixar que ela passe. Não existe nenhuma necessidade específica de espalhar culpa e autojustificativa. Entretanto, nós jogamos querosene na emoção para que ela pareça mais real.

Ainda mais uma vez, não é preciso considerar esse processo como um obstáculo ou um problema. Se pudermos olhar e ver a turbulência das emoções, seremos capazes não apenas de começar a agir com amizade e brandura em relação a nós mesmos, mas também de fazer o mesmo com todos os seres humanos e, na verdade, com todos os seres vivos. Ao começar a ter consciência de como repetimos esse tolo comportamento continuamente porque não queremos lidar com a incerteza, o constrangimento e a dor de não saber, começamos a desenvolver compaixão verdadeira por nós mesmos e pelos demais, pois percebemos o que acontece e como reagimos quando tudo desmorona. Essa consciência é que transforma a espada em flor. É assim que aquilo que parecia feio, problemático e indesejável realmente se transforma em nosso mestre.

Acho que talvez todos os maras decorram do medo da morte, mas *yama mara* está particularmente enraizado nele. Quando falamos sobre uma vida boa, do costumeiro ponto de vista do samsara, queremos dizer que finalmente conseguimos pôr tudo nos eixos. Finalmente sentimos que somos uma boa pessoa. Temos boas qualidades, estamos tranquilos e não perdemos o equilíbrio quando nos lançam flechas. Somos aquela pessoa que sabe transformar flechas em flores. Nós nos sentimos muito bem. Finalmente aparamos todas as arestas. Somos felizes. Achamos que isso é a vida.

Pensamos que tudo será perfeito se meditarmos o suficiente, malharmos bastante ou comermos os alimentos ideais. Entretanto, do ponto de vista de uma pessoa desperta, isso é a morte. Buscar segurança ou perfeição, alegrar-se por ter a sensação de sentir-se confirmado e íntegro, autossuficiente e confortável, é uma espécie de morte. Não entra nem um pouco de ar fresco nessas atitudes. Elas não deixam espaço para que algo se interponha e interrompa todo esse processo. Ao controlar nossa experiência, estamos matando o momento. Ao fazer isso, estamos construindo nosso fracasso, porque, mais cedo ou mais tarde, teremos uma experiência que não podemos controlar: nossa casa é destruída pelo fogo, alguém que amamos morre, descobrimos que estamos com câncer, um tijolo cai do céu bem em cima de nossa cabeça, alguém derruba molho de tomate em nossa roupa branca, chegamos a nosso restaurante favorito e descobrimos que ninguém fez as compras necessárias e 700 pessoas estão chegando para o almoço.

O desafio é a essência da vida. Às vezes ela é doce, às vezes ela é amarga. Algumas vezes nosso corpo fica tenso, em outras, ele se abre e relaxa. Às vezes temos dor de cabeça e, às vezes, nós nos sentimos 100% saudáveis. De uma perspectiva desperta, tentar juntar as peças e finalmente organizar tudo é o mesmo que morrer, porque envolve rejeitar muito de nossa experiência básica. Há algo de agressivo nessa abordagem da vida, nessa tentativa de nivelar todos os pontos ásperos e imperfeições, transformando-os em um caminho agradável e sem acidentes.

Ser plenamente humano, estar totalmente vivo e completamente desperto é ser jogado para fora do ninho o tempo todo. Viver plenamente é estar sempre em uma terra de ninguém, é experimentar cada momento como algo muito novo e fresco. Viver é estar disposto a morrer sempre mais uma vez. Do ponto de vista desperto, isso é a vida. Morrer é desejar agarrar-se ao que já temos e utilizar cada experiência para nos confirmar, parabenizar e nos fazer sentir completamente em ordem. Portanto, apesar de dizermos que *yama mara* é o medo da morte, ele é na verdade o medo da vida.

Queremos ser perfeitos, mas continuamos vendo nossa imperfeição e não há espaço para fugir disso, não há saída, não há para onde ir. É nesse momento que essa espada se transforma em uma flor. Ficamos com aquilo que vemos, sentimos o que estamos sentindo e, a partir daí, começamos a nos conectar com nossa mente de sabedoria.

Sem os maras, o Buda teria despertado? Sem eles, teria alcançado a iluminação? Não foram eles seus melhores amigos, já que lhe mostraram quem era e o que era verdadeiro? Todos os maras indicam o caminho para ser completamente desperto e vivo, por meio do deixar ir, do permitir-se morrer, momento a momento, ao final de cada expiração. Quando despertamos, podemos viver plenamente, sem buscar o prazer e evitar a dor, sem recriar a nós mesmos no momento em que desmoronamos. Podemos nos permitir sentir nossas emoções como frias ou quentes, como vibrantes ou suaves, em vez de usá-las para permanecer ignorantes e cegos. É possível desistir da perfeição e experimentar ao máximo cada momento. Tentar fugir nunca é o caminho para tornar-se um ser humano integral. Fugir da qualidade imediata de nossa experiência é como preferir a morte à vida.

Ao ver as flechas e espadas, e a forma pela qual reagimos a elas, é possível retomar sempre à mente básica de sabedoria. Em vez de tentarmos nos livrar de algo ou de acreditarmos no sentimento dualista de sentir-se atacado, aproveitamos essa oportunidade para perceber como nos fechamos no momento em que somos pressionados. É assim que abrimos nosso coração. É assim que despertamos nossa inteligência e nos conectamos com a natureza búdica fundamental.

DOZE

Crescendo

Do início ao fim, voltar-se para o próprio coração a fim de descobrir o que é verdadeiro não é apenas uma questão de honestidade, mas também de compaixão e respeito por aquilo que vemos.

Em meu escritório, há um pergaminho feito com caligrafia japonesa e uma pintura de Bodhidharma, mestre Zen. Ele é um homem gordo, de aspecto rabugento e sobrancelhas peludas. Sua aparência lembra alguém que está tendo uma indigestão. A caligrafia diz: "Voltando-se diretamente para seu próprio coração, você encontrará o Buda".

Ouvir palestras de darma e ensinamentos do Buda ou praticar meditação nada mais é que estudar a si mesmo. Comendo, trabalhando, meditando, ouvindo ou falando — estudar a nós mesmos é a razão absoluta para estarmos aqui, neste mundo. Na verdade, já foi dito que estudar a si mesmo equivale a ler todos os livros que precisamos.

Talvez os livros e palestras sobre o darma existam apenas para nos encorajar a compreender este ensinamento simples: toda a sabedoria sobre como causamos sofrimento a nós mesmos e sobre quanto nossa mente é prazerosa, vasta e descomplicada — esses dois aspectos, a compreensão do que poderíamos chamar de neurose e a sábia percepção da verdade incondicional e imparcial, somente podem ser encontrados em nossa própria experiência.

Bodhidharma trouxe o budismo Zen da Índia para a China. Sua impetuosidade e intransigência eram bastante conhecidas. Conta uma história que ele costumava cochilar durante a meditação e, por isso, cortou fora suas pálpebras e as jogou no chão. Quando caíram ali, transformaram-se em um pé de chá e ele percebeu que bastava tomar desse chá para permanecer acordado! Inflexível, buscava conhecer a verdade e não queria apenas acreditar no que os outros lhe diziam. Sua grande descoberta foi perceber que, olhando diretamente para o nosso próprio coração, encontramos o Buda desperto, a experiência totalmente límpida das coisas como realmente são.

Em qualquer tipo de situação é possível descobrir o que é verdadeiro, apenas estudando a nós mesmos de todos os ângulos, em nossos cantos escuros e claros, sejam eles sombrios, horríveis, medonhos, esplêndidos, mal-assombrados, assustadores, alegres, estimulantes, tranquilos ou irados. Podemos apenas olhar para tudo. Temos muito encorajamento para fazer isso e a meditação nos fornece o método. Em meu primeiro contato com o budismo, fiquei muito aliviada ao saber que ele não consistia apenas de ensinamentos, mas que incluía também uma técnica que eu poderia utilizar para explorar e testar esses ensinamentos. Desde o primeiro momento me foi dito que, assim como Bodhidharma, teria de descobrir por mim mesma o que era verdadeiro.

Entretanto, quando sentamos para meditar e olhamos honestamente para nossa mente, existe uma tendência para que esse processo se transforme em um projeto um tanto mórbido e depressivo. Podemos perder todo o senso de humor e sentar com a sombria determinação de chegar ao fundo de uma grande confusão que não cheira muito bem. Após um tempo, quando as pessoas estão praticando dessa forma, começam a sentir tanta culpa e angústia que simplesmente ficam saturadas, e podem até dizer a alguém em quem elas confiem: "Onde está a *graça* de tudo isso?"

Portanto, juntamente com a visão clara, existe outro elemento importante e esse elemento é a bondade. Sem clareza e honestidade parece que não progredimos. Ficamos sempre girando no mesmo ciclo vicioso. Mas a honestidade sem bondade nos deixa sombrios e mesquinhos, e logo começamos a ficar como se estivéssemos chupando limão. Ficamos tão aprisionados pela introspecção que perdemos qualquer contentamento ou gratidão que pudéssemos ter. A sensação de estar irritado consigo mesmo, com a vida e com as idiossincrasias de outras pessoas torna-se dominante. Por essa razão, dá-se tanta ênfase à bondade.

Às vezes, ela é expressa como o despertar de nosso coração. Frequentemente, é denominada sensibilidade. Às vezes, é chamada de amizade ilimitada. Entretanto, basicamente, bondade é uma forma realista e comum de descrever o importante ingrediente que traz equilíbrio ao quadro como um todo e promove nosso contato com a alegria incondicional. Como diz Thich Nhat Hanh, mestre vietnamita: "O sofrimento não é suficiente".

A disciplina é importante. Quando sentamos para meditar, somos estimulados a permanecer na técnica e a seguir fielmente as instruções. Entretanto, mesmo dentro da estrutura da disciplina, por que precisamos ser tão severos? Será que meditamos porque "devemos"? Por que queremos nos tornar "bons" budistas, para agradar nosso mestre ou porque não queremos ir para o inferno? A forma pela qual encaramos o que surge durante a meditação representa um treino de nossa atitude diante de tudo que surge em outras situações da vida. Portanto, o desafio está em desenvolver compaixão juntamente com uma visão clara, em treinar para estar leve e animado, em lugar de tornar-se mais infeliz e oprimido pela culpa. Se não for assim, tudo o que vamos conseguir é rebaixar a nós mesmos e a todos os demais. Nada está à altura. Nada é bom o bastante. A honestidade, sem bondade, humor e boa vontade, pode ser simplesmente mesquinha. Do início ao fim, voltar-se para o próprio coração a fim de descobrir o que é verdadeiro não é apenas uma questão de honestidade, mas também de compaixão e respeito por aquilo que vemos.

É importante aprender a ser generoso consigo mesmo e a respeitar-se, já que, fundamentalmente, quando nos voltamos para nosso coração e começamos a perceber o que é radioso e o que é confuso, o que é doce e amargo, estamos descobrindo não apenas a nós mesmos — estamos descobrindo o universo. Quando vemos o Buda que somos, percebemos que tudo e todos são o Buda. Percebemos que tudo e todos estão despertos. Tudo é igualmente precioso, inteiro e bom. Todos são igualmente preciosos, inteiros e bons. Quando encaramos pensamentos e emoções com humor e abertura, passamos a perceber o universo da mesma maneira. Não estamos falando apenas de nossa libertação pessoal, mas de ajudar a comunidade em que vivemos, nossa família, nosso país, todo o continente, sem falar do mundo, da galáxia e de tão longe quanto quisermos ir.

Há uma interessante transição que ocorre natural e espontaneamente. Começamos a descobrir que, à medida que há coragem em nós mesmos — disposição para olhar, para voltar-se diretamente para o próprio coração — e à medida que somos generosos conosco mesmos, surge a segurança de que, na verdade, podemos nos esquecer de nós mesmos e nos abrir para o mundo.

Não abrimos nosso coração e mente às pessoas simplesmente porque elas desencadeiam em nós uma confusão com a qual não queremos lidar, pois não nos sentimos corajosos ou equilibrados o bastante. À medida que olhamos com clareza e compaixão para nós mesmos, temos confiança e coragem para olhar nos olhos dos outros.

Então, essa experiência de abertura em direção ao mundo começa, simultaneamente, a beneficiar a nós mesmos e aos demais. Quanto mais nos relacionamos com os outros, mais rapidamente descobrimos onde estamos bloqueados, em que ponto somos ásperos, temerosos e fechados. Esse processo é benéfico, mas é também doloroso. Frequentemente, nossas reações servem de munição contra nós mesmos e essa é a única resposta que conhecemos. Não somos bondosos. Não somos honestos. Não somos corajosos e, portanto, bem que poderíamos desistir de tudo agora mesmo. No entanto, se aplicarmos suavidade e ausência de julgamento a tudo que virmos, neste exato momento, conseguiremos fazer amizade com esse constrangedor reflexo que vemos no espelho. Olhar para essa imagem transforma-se em motivação para nos tornarmos mais leves e suaves, já que sabemos que essa é a única maneira de continuar a trabalhar com os outros e ser de algum benefício para o mundo.

Esse é o começo do crescimento. Seremos sempre crianças enquanto não quisermos ser honestos e bondosos conosco mesmos. Quando simplesmente tentamos aceitar a nós mesmos, o velho fardo da autoimportância torna-se bem mais leve. Finalmente, existe espaço para uma curiosidade autêntica e percebemos que sentimos gosto pelo que nos cerca.

TREZE

Ampliando o círculo da compaixão

Somente em um espaço aberto e sem julgamento podemos reconhecer o que estamos sentindo. Somente no espaço aberto, onde não estamos tão ocupados com nossa própria versão da realidade, podemos ver, ouvir e sentir os outros como realmente são, o que torna possível estar e comunicar-se adequadamente com eles.

Quando falamos em compaixão, normalmente estamos nos referindo a lidar com os menos afortunados. Já que temos melhores oportunidades, instrução e saúde, devemos ser compassivos com os infelizes que não têm nada disso. Entretanto, ao trabalhar com os ensinamentos que nos dizem como despertar a compaixão e tentar ajudar os outros, podemos nos dar conta de que os atos compassivos envolvem um trabalho voltado para nós mesmos, tanto quanto para os demais. A ação compassiva é uma prática e uma das mais avançadas. Não há nada mais complexo do que relacionar-se com os outros. Não há nada mais complexo do que estabelecer uma comunicação — a comunicação compassiva.

Relacionar-se com os outros de forma compassiva é um desafio. Comunicar-se realmente, falar ao coração, dar apoio a alguém — nossos filhos, companheiros, pais, clientes, pacientes, ou uma mulher desabrigada que vive nas ruas — significa não se fechar para essa pessoa, e isso implica, acima de tudo, não se fechar para si mesmo. Significa sentir o que se está sentindo, sem rejeitar. Significa aceitar cada um de nossos aspectos, mesmo aqueles de que não gostamos. Fazer isso exige a abertura que no budismo é algumas vezes chamada de vacuidade — não se fixar ou apegar a nada. Somente em um espaço aberto e sem julgamento podemos reconhecer o que estamos sentindo. Somente no espaço aberto, onde não estamos tão ocupados com nossa própria versão da realidade, podemos ver, ouvir e sentir os outros como realmente são, o que torna possível estar e comunicar-se adequadamente com eles.

Recentemente, estava conversando com um homem já velho que vive nas ruas há quatro anos. Ninguém jamais olha para ele. Ninguém jamais fala com ele. Talvez alguém lhe dê uns trocados, mas nunca o olham no rosto e perguntam como vai. A sensação de não existir para os outros e o sentimento de solidão e isolamento são intensos. Ele me fez lembrar que a essência da fala e da ação compassivas é estar ali, dando apoio aos outros, sem recuar com horror, medo ou raiva.

Ser compassivo é uma tarefa extremamente difícil. Todos nós estamos envolvidos em relacionamentos em nossa vida cotidiana, mas principalmente quando somos do tipo que deseja ajudar os outros — pessoas com câncer, com AIDS, mulheres ou crianças espancadas, animais maltratados, qualquer um que esteja sofrendo — o que logo percebemos é que a pessoa que decidimos ajudar pode desencadear nossos problemas mal resolvidos. Mesmo querendo ajudar — e talvez realmente ajudando por alguns dias, um mês ou dois — mais cedo ou mais tarde, alguém entra por aquela porta e pisa em todos os nossos calos. Nós nos descobrimos odiando ou temendo essa pessoa, ou achando que simplesmente não somos capazes de lidar com ela. Isso sempre acontece, quando somos sinceros em nossa vontade de ajudar os outros. Cedo ou tarde, todas as nossas questões mal resolvidas virão à tona e nos confrontaremos conosco mesmos.

Roshi Bernard Glassman é um mestre Zen que dirige um projeto voltado para os desabrigados de Yonkers, Nova York. Quando o ouvi falar pela última vez, ele disse algo que me impressionou. Disse que, na verdade, não realizava esse trabalho para ajudar os outros e, sim, porque sentia que penetrar em áreas da sociedade que ele rejeitava era o mesmo que lidar com os aspectos que rejeitava em si mesmo.

Embora esse seja um conceito budista comum, é difícil vivê-lo. É difícil, até mesmo, aceitar que o que rejeitamos fora de nós é o mesmo que desaprovamos em nós mesmos, e o que desaprovamos em nós mesmos, rejeitaremos lá fora. Mas, em poucas palavras, é assim que a coisa funciona. Se achamos que somos um caso perdido e desistimos de nós mesmos, acharemos que os outros também o são e faremos o mesmo com eles. Aquilo que detestamos em nós, detestaremos nos outros. Na medida em que temos compaixão por nós mesmos, teremos compaixão pelos demais. Ter compaixão começa e termina por todos os aspectos indesejáveis que existem em nós, todas as imperfeições que nem ao menos queremos ver. A compaixão não é algum tipo de projeto ou ideal de autoaperfeiçoamento que estamos tentando alcançar.

Há um princípio nos ensinamentos mahayana* que diz: "Dirija todas as culpas para si mesmo". Em essência, isso que dizer: "Se sinto tanta dor é porque estou me agarrando com muita força". Isso não é o mesmo que dizer que devemos nos castigar, nem estamos defendendo o martírio. Isso significa que a dor decorre de nos agarrarmos demais, tentando fazer prevalecer nossa própria vontade, e que culpar alguém é uma das principais saídas que encontramos quando nos sentimos desconfortáveis, quando nos vemos na situação ou no lugar em que não queríamos estar.

Costumamos construir uma barreira chamada culpa que impede nossa verdadeira comunicação com os outros e a fortificamos com nossos conceitos sobre quem está certo e quem está errado. Fazemos isso com aqueles que estão mais próximos de nós, com sistemas políticos, com tudo que desaprovamos em nossos companheiros ou na sociedade. Esse é um artifício muito comum, antigo e bem aperfeiçoado que utilizamos para nos sentirmos bem. Culpamos os outros. Usamos esse mecanismo para proteger nosso coração, para tentar proteger o que é tenro, aberto e suave em nós. Em vez de admitir nossa própria dor, corremos desenfreadamente tentando encontrar algum terreno confortável.

O princípio que mencionei é útil e interessante, pois sugere que é possível começar a modificar essa tendência antiga, habitual e arraigada de querer que tudo esteja de acordo com nossas próprias

---

* O "grande veículo", que apresenta a visão fundamentada na vacuidade, na compaixão e no reconhecimento da natureza búdica universal.

condições. Começamos, antes de mais nada, quando sentimos essa inclinação para culpar alguém, tentando entrar em contato com essa sensação de apegar-se tão fortemente a si mesmo. Como nos sentimos quando culpamos alguém? Como é rejeitar ou odiar? E, ainda, como é sentir-se cheio de razão e indignado?

Em cada um de nós, existe muita suavidade e um grande coração. Tocar esse ponto sensível precisa ser nosso ponto de partida. Compaixão nada mais é do que isso. Quando paramos de culpar por algum tempo, pelo tempo necessário para dar a nós mesmos um espaço aberto no qual possamos sentir nosso ponto sensível, é como se estivéssemos nos estendendo para tocar a grande ferida que está bem por trás da concha protetora construída pela culpa.

Termos budistas, como *compaixão* e *vacuidade*, não têm muito significado até que comecemos a cultivar nossa capacidade inata de simplesmente estar ali, com a dor, com o coração aberto, com a disposição de não tentar conseguir imediatamente algum chão sob nossos pés. Quando estamos furiosos, por exemplo, normalmente acreditamos que só existem duas formas de nos relacionarmos com esse sentimento. Uma é culpar os outros. Jogar tudo em cima de alguém, empurrar todas as culpas para outra pessoa. Outra alternativa é nos sentirmos culpados por nossa fúria e, assim, culpar a nós mesmos.

Usamos a culpa como uma forma de nos solidificarmos. Não apenas apontamos o dedo quando algo está "errado", mas também queremos fazer a coisa "certa". Em qualquer um de nossos relacionamentos — seja casamento, filhos, trabalho, comunidade espiritual ou qualquer outro — podemos perceber que queremos torná-lo "melhor" porque nos sentimos um pouco tensos. Talvez ele esteja abaixo de nossas expectativas e nós o justificamos, tentando fazê-lo parecer melhor do que é. Dizemos a todos que nosso companheiro, filho, professor ou grupo de apoio está tendo alguma estranha atitude hostil com bons motivos espirituais. Ou aparecemos com alguma crença dogmática e nos apegamos tenazmente a ela, mais uma vez para solidificar nossa própria posição. Achamos que é preciso endireitar as coisas, de acordo com nossos padrões. Quando simplesmente não podemos mais suportar uma situação e ela ultrapassa nossos limites, nós a consideramos errada, pois achamos que essa é nossa única alternativa. Ou está certo ou está errado.

Esse processo começa em nós mesmos. Nós nos julgamos certos ou errados todos os dias, semanas, meses e anos de nossa vida. Achamos que para nos sentirmos bem, precisamos estar certos. Não queremos estar errados, pois nos sentiríamos mal. No entanto, poderíamos ser mais compassivos para com todos os nossos aspectos. Quando nos sentimos certos, podemos olhar para isso. Sentir-se com razão pode ser muito bom. Podemos ter plena certeza de quanto estamos certos e estarmos rodeados de pessoas que concordam conosco. Mas, suponha que alguém discorde? O que acontece? Nós nos percebemos ficando raivosos e agressivos? Se examinássemos o exato momento em que a raiva e a agressividade surgem, veríamos que é disso que são feitas as guerras. É disso que são feitos os conflitos raciais: de sentir que precisamos estar certos, de ficarmos perturbados, cheios de razão e indignados quando alguém discorda de nós. Por outro lado, quando achamos que estamos errados, quando estamos convencidos disso ou começamos a cristalizar nessa posição, também podemos encarar esse fato. Toda essa história de certo e errado nos fecha e torna nosso mundo menor. Desejar que as situações e os relacionamentos sejam sólidos, permanentes e palpáveis obscurece a essência da questão, ou seja, o fato de que as coisas, fundamentalmente, não têm uma base firme.

Em vez de considerar que os outros estão certos ou errados, ou reprimir esses conceitos em nós mesmos, podemos encontrar um caminho do meio, um poderoso caminho do meio. Encontrá-lo é como ficar sobre o fio da navalha, sem cair nem para a esquerda nem para a direita. O caminho do meio implica não nos apegarmos à nossa própria versão com tanta firmeza. Envolve manter nosso coração e mente abertos o tempo suficiente para perceber que, quando consideramos algo errado, fazemos isso para obter algum tipo de apoio ou segurança. Da mesma forma, quando julgamos que algo está certo, estamos ainda tentando obter algum tipo de apoio ou segurança. Nosso coração e mente não poderiam ser abertos o bastante para simplesmente pairar nesse espaço, onde não temos certeza absoluta de quem está certo ou errado? Quando entramos em uma sala com alguém, conseguiríamos não ter uma pauta, não saber o que dizer, não julgar essa pessoa? Poderíamos ver, ouvir e sentir os outros como realmente são? Essa é uma prática poderosa, pois nos levará a perceber como estamos sempre correndo, tentando nos sentir seguros novamente — tentando enquadrar a nós mesmos e aos outros dentro dos conceitos de certo e errado. A verdadeira comunicação, entretanto, só pode acontecer nesse espaço aberto.

É mais corajoso e realista não fechar o coração para o que quer que seja — para nós mesmos, nosso parceiro, chefe, filhos, as pessoas avarentas que encontramos, a situação política — nem transformar os outros em inimigos. Quando começamos a viver dessa forma, descobrimos que não podemos mais classificar algo como completamente certo ou completamente errado, pois as coisas são muito mais escorregadias e divertidas que isso. Tudo é ambíguo. Tudo está sempre mudando e se modificando, e existem tantas opiniões sobre uma determinada situação quanto o número de pessoas envolvidas. Tentar encontrar o certo e o errado absolutos é enganar a si mesmo para sentir-se seguro e confortável.

Isso nos leva a uma questão maior, subjacente em todos nós: como mudar essa situação? O que fazer para reduzir, em vez de aumentar, a agressividade no mundo? Trazendo isso para um nível mais pessoal, como posso aprender a me comunicar com alguém que esteja ferindo a mim ou a muitas pessoas? Como falar com alguém de forma que alguma mudança realmente ocorra? Como me comunicar para que o espaço se amplie e ambos possamos entrar em contato com algum aspecto da inteligência fundamental que todos compartilhamos? Em um encontro potencialmente violento, como devo me expressar para que nenhum de nós se torne cada vez mais furioso e agressivo? Como falar ao coração, para que um impasse seja ventilado? Como me comunicar de modo que uma situação aparentemente congelada, insolúvel e eternamente agressiva comece a se abrandar e algum tipo de troca compassiva comece a ocorrer?

Bem, isso começa com estarmos dispostos a sentir o que estamos sentindo. Isso começa com estarmos dispostos a ter um relacionamento compassivo com os aspectos de nós mesmos que julgamos não serem dignos de existir no planeta. Algo começa a mudar quando nos dispomos, por meio da meditação, a estar atentos não apenas ao que é agradável, mas também à dor, quando ao menos *aspiramos* a continuar despertos e abertos diante do que sentimos, a cada momento, percebendo e reconhecendo nossos sentimentos da melhor forma possível.

Agir compassivamente, estar ali dando apoio aos outros, ser capaz de agir e falar buscando a comunicação. Tudo isso começa com observar quando nos classificamos como certos ou errados. Nesse exato momento, podemos apenas refletir que existe uma alternativa mais ampla, um lugar mais suave e instável no qual podemos viver. Se conseguirmos tocá-lo, esse lugar nos ajudará no contínuo treinamento de nos abrirmos cada vez mais àquilo que estamos sentindo, de nos expandirmos, em vez de nos fecharmos ainda mais. Perceberemos que alguma coisa se modifica em nós, quando começamos a nos comprometer com essa prática, quando passamos a celebrar aspectos de nós mesmos que antes considerávamos tão inviáveis. Algo em nós se transformará permanentemente. Nossos padrões antigos e habituais começarão a se dissolver e passaremos a ouvir as palavras e a ver o rosto de quem está falando conosco.

Se começarmos a entrar em contato com o que quer que estejamos sentindo com uma certa bondade, nossa concha protetora se dissolverá e descobriremos que mais aspectos de nossa vida são trabalháveis. À medida que aprendemos a ter compaixão por nós mesmos, ampliamos o círculo da compaixão pelos outros e pelas situações com as quais podemos trabalhar.

CATORZE

O amor que não morrerá

Em tempos difíceis, somente a boditchita pode curar. Quando não encontramos inspiração, quando nos sentimos prestes a desistir, esse é o momento em que a cura pode ser encontrada na ternura da própria dor. Esse é o momento de tocar o autêntico coração da boditchita.

O pai de uma criança de dois anos conta que ligou a televisão e, inesperadamente, viu a destruição causada por uma bomba colocada em um edifício público de Oklahoma. Assistiu, enquanto os bombeiros carregavam corpos inertes e ensanguentados de bebês que eram retirados das ruínas da creche que funcionava no primeiro andar. Diz que, no passado, era capaz de se distanciar do sofrimento alheio. Mas, desde que se tornara pai, isso havia mudado. Sentia como se cada uma daquelas crianças fosse seu filho. Sentia a dor de todos os pais como sendo sua.

Essa identificação com o sofrimento dos outros, a incapacidade de continuar a observá-lo de longe, é a descoberta de nossa ternura, a descoberta da *boditchita*. Essa é uma palavra sânscrita que significa "coração nobre ou desperto". Diz-se que está presente em todos os seres. Assim como a manteiga é parte do leite e o óleo, da semente de gergelim, essa ternura é inerente a mim e a você.

Stephen Levine escreve sobre uma mulher que estava morrendo, em terrível sofrimento e extrema amargura. No momento em que sentiu que não podia mais suportar a dor e o ressentimento, inesperadamente, passou a experimentar o pesar de outros em agonia: uma mãe faminta na Etiópia, um adolescente desvairado morrendo de overdose em um apartamento imundo, um homem esmagado por um deslizamento de terra, morrendo sozinho à margem de um rio. Ela relatou ter compreendido que essa não era a sua dor, mas a de todos os seres. Não era apenas a sua própria vida, mas a vida em si mesma.

Despertamos a boditchita, essa ternura pela vida, quando não podemos mais nos proteger da vulnerabilidade de nossa condição, da fragilidade fundamental da existência. Nas palavras do décimo sexto Gyalwa Karmapa: "Recebemos tudo. Deixamos que a dor do mundo toque nosso coração e a transformamos em compaixão".

Diz-se que, em tempos difíceis, somente a boditchita pode curar. Quando não encontramos inspiração, quando nos sentimos prestes a desistir, esse é o momento em que a cura pode ser encontrada na ternura da própria dor. Esse é o momento de tocar o autêntico coração da boditchita. No meio da solidão, do medo, do sentir-se incompreendido e rejeitado, encontra-se a pulsação de todas as coisas, o autêntico coração de tristeza.

Uma pedra preciosa fica enterrada durante um milhão de anos e não perde a cor nem é danificada. Do mesmo modo, por mais que possamos espernear, nada afetará esse coração nobre. Essa joia pode ser trazida para a luz a qualquer tempo e resplandecerá com todo seu brilho, como se nada tivesse acontecido. Não importa quanto estejamos comprometidos com a rudeza, o egoísmo ou a ganância, o autêntico coração da boditchita não pode ser perdido. Está bem aqui, em tudo que tem vida, intacto e completamente íntegro.

Quando nos protegemos do sofrimento, achamos que estamos sendo bondosos conosco mesmos. A verdade é que apenas nos tornamos mais amedrontados, endurecidos e alienados. Percebemos a nós mesmos como separado do todo. Essa separação transforma-se em uma espécie de prisão — uma prisão que nos encerra em nossas próprias esperanças e medos, que nos leva a nos importarmos apenas com aqueles que estão mais próximos. O curioso é que, antes de mais nada, estamos tentando nos proteger do desconforto e, com isso, sofremos. Já quando não nos fechamos e permitimos que a dor toque nosso coração, descobrimos nossa afinidade com todos os seres. Sua Santidade, o Dalai Lama, descreve dois tipos de pessoas egoístas: as sábias e as tolas. As tolas pensam apenas em si mesmas, o que resulta em confusão e dor. As sábias acreditam que estar ali, apoiando os outros, é a melhor coisa que podem fazer por si mesmas. Como resultado, sentem alegria.

Quando encontramos uma mulher com o filho no colo, pedindo esmolas na rua, quando vemos um homem surrar impiedosamente seu cão aterrorizado, quando nos deparamos com um adolescente espancado ou com o medo nos olhos de uma criança, damos as costas porque não podemos suportar? Isso é o que a maioria de nós provavelmente faz. Alguém precisa nos encorajar a não deixar de lado o que sentimos, a não nos sentirmos envergonhados pelo amor e pesar que surgem, a não temer a dor. Alguém tem de nos dizer que é possível despertar a ternura que existe em nós e que, ao fazer isso, mudaremos nossa vida.

A prática de *tonglen* — enviar e receber — tem o propósito de despertar a boditchita, de nos colocar em contato com esse coração nobre e autêntico. Essa prática consiste em receber em si mesmo a dor e enviar alegria, invertendo radicalmente nosso tão bem estabelecido hábito de fazer o contrário.

Tonglen é uma prática que visa a criar espaço, a ventilar a atmosfera de nossa vida para que as pessoas possam respirar livremente e relaxar. Sempre que encontramos o sofrimento, sob qualquer forma, as instruções de tonglen nos dizem para inspirá-lo, com o desejo de que todos possam se libertar da dor. Sempre que encontramos a felicidade, sob qualquer forma, devemos expirá-la, dirigi-la para fora, com o desejo de que todos possam sentir alegria. Essa é uma prática que permite às pessoas sentirem-se menos oprimidas, menos limitadas. Ela nos mostra como amar incondicionalmente.

Bo e Sita Lozoff trabalham com presidiários há mais de vinte anos. Ensinam meditação, dão palestras e, por meio de livros e cartas, dão orientação espiritual direta e inspiradora. Todos os dias sua caixa de correio fica cheia de cartas enviadas por essas pessoas que estão cumprindo pena. Todos os dias respondem a maior quantidade possível. Sita me disse que, às vezes, essas cartas refletem tanta tristeza que ela se sente dominada por esse sentimento. Então, naturalmente e sem nunca ter ouvido falar em tonglen, apenas começa a inspirar toda a dor ali contida e a exalar alívio.

Muitas pessoas que estão morrendo de AIDS começaram a praticar tonglen. Inspiram por todos aqueles que estão no mesmo barco. Inspiram o sofrimento de milhões de homens, mulheres e crianças que sofrem da mesma doença. Expiram bondade e bem-estar. Como disse um homem: "Isso não me prejudica. Faz com que eu sinta que minha dor não é em vão, que não estou só nem sou inútil. Faz com que tudo isso valha a pena."

Quando nos protegemos para não sentir dor, essa proteção transforma-se em uma espécie de armadura, uma couraça que aprisiona a suavidade de nosso coração. Fazemos tudo o que vem à mente para não nos sentirmos ameaçados. Tentamos prolongar a sensação de estar bem consigo mesmo. Quando vemos nas revistas fotografias coloridas de pessoas se divertindo na praia, muitos de nós sinceramente desejam que a vida pudesse ser assim tão boa.

Quando inspiramos a dor, de algum modo, ela penetra nossa couraça. Nossa proteção vai sendo suavizada. Aquela armadura pesada, enferrujada e rangente começa, enfim, a parecer menos monolítica. Com a inspiração, ela começa a ruir e percebemos que podemos respirar profundamente e relaxar. Bondade e ternura começam a emergir. Não precisamos mais ficar tensos, como se estivéssemos o tempo todo na cadeira do dentista.

Quando expiramos alívio e sensação de espaço, também estamos promovendo a desintegração da couraça. A expiração é uma metáfora para expressar a abertura total de nesse próprio ser. Quando sentimos que algo é precioso, em vez de nos apegarmos fortemente, podemos abrir as mãos e dividi-lo com os demais. Podemos dar tudo. Podemos compartilhar a riqueza desta insondável experiência humana.

Um homem que sofreu abuso sexual quando pequeno começa a lembrar-se perfeitamente dessa experiência. Sem saber de onde veio essa ideia, começa a inspirar toda a dor daquela criança aterrorizada e indefesa. Inspira, então, a dor de todas as crianças, em qualquer lugar, dos bebês que mal e mal vão sobrevivendo à negligência, aos maus-tratos, à doença e à guerra. Sem saber como, esse homem descobre a boditchita.

O coração desperto pode sempre ser descoberto dessa forma. Não é necessário armar-se ou lutar para conquistá-lo. Quando as estratégias ainda não estão montadas e nos sentimos incertos sobre o caminho a tomar, nos momentos de vulnerabilidade, a boditchita está sempre ali. Ele se manifesta como a abertura fundamental que, no budismo, é chamada de *shunyata*. Ele se manifesta sob a forma de cordialidade compassiva, de ternura fundamental. Quando vivemos como se esperássemos ser atacados, bloqueamos esses sentimentos. A boditchita surgirá quando liberarmos a tensão gerada por conceitos de isto e aquilo, quando abandonarmos a luta entre nós e os outros.

No nível relativo, nosso coração nobre é sentido sob a forma de afinidade com todos os seres. No nível absoluto, nós o sentimos como espaço aberto ou ausência de chão.

A boditchita não nos oferece uma base e, por isso, rompe nossos conceitos e ideais. Não conseguimos transformá-lo em um projeto para nos tornarmos "bonzinhos" ou alguém com quem sempre se pode contar. Ele é muito mais incerto que isso.

A boditchita desperta a ternura e, por isso, não é possível usá-lo para nos distanciarmos. A boditchita não pode ser reduzida a uma abstração sobre a vacuidade da dor. Não podemos escapar dizendo: "Nada está acontecendo e não há nada a fazer".

O absoluto e o relativo trabalham juntos para nos conectar com o amor ilimitado. Compaixão e shunyata são qualidades de um amor que não morrerá.

Quando experimentamos o ponto sensível da boditchita, sentimos como se estivéssemos voltando para casa. É como se tivéssemos sofrido de amnésia por muito tempo e despertássemos para lembrar quem realmente somos. O poeta Jalaluddin Rumi escreve sobre os viajantes noturnos que buscam a escuridão, em vez de fugir dela, sobre aquelas pessoas que desejam conhecer seu próprio medo. No pequeno medo diante de uma entrevista para um emprego, nos indescritíveis horrores impostos pela guerra, preconceito e ódio, na solidão de uma viúva, no terror das crianças maltratadas ou humilhadas pelos pais, na ternura da própria dor, os viajantes noturnos descobrem a luz da boditchita.

A boditchita está disponível no momento em que cuidamos de algo, quando limpamos os óculos ou penteamos o cabelo. Está presente nos momentos em que damos valor a algo, quando percebemos o azul do céu ou interrompemos o que estamos fazendo para escutar a chuva. Nos instantes de gratidão, quando nos lembramos da bondade ou reconhecemos a coragem de alguém. Na música e na dança, na arte e na poesia. Sempre que nos desapegamos de nós mesmos e olhamos para o mundo que nos cerca, quando entramos em contato com a tristeza e a alegria, nos momentos em que deixamos de lado nossos ressentimentos e queixas, a boditchita está ali.

O despertar espiritual é frequentemente descrito como uma caminhada até o topo de uma montanha. Deixamos para trás nosso apego e materialismo, e lentamente iniciamos a subida. Lá no alto, transcendemos toda a dor. O único problema dessa metáfora é que deixamos para trás todos os outros — nosso irmão alcoólatra, nossa irmã esquizofrênica, nossos animais e amigos atormentados. O sofrimento deles permanece e não é aliviado por nossa fuga pessoal.

No processo de descobrirmos a boditchita, a jornada é para baixo, não para cima. É como se a montanha apontasse para o centro da terra, em vez de alcançar o céu. Em lugar de transcender o sofrimento de todas as criaturas, nós nos dirigimos para a turbulência e para a incerteza. Nós nos atiramos. Nós escorregamos. Andamos nas pontas dos pés. Caminhamos nessa direção como for possível. Exploramos a realidade e a imprevisibilidade da insegurança e da dor, sem tentar afastá-las. Se esse processo consome muitos anos, se exige várias vidas, deixamos que seja assim. Em nosso ritmo próprio, sem pressa ou agressão, caminhamos cada vez mais para baixo. Conosco vão milhões de pessoas, nossos companheiros no despertar para o destemor. Lá embaixo encontraremos água, a água curadora da boditchita. Bem ali, no meio de tudo, encontraremos o amor que não morrerá.

QUINZE

Remando contra a maré

A prática de tonglen reverte a lógica habitual de evitar o sofrimento e buscar o prazer. Nesse processo, nós nos libertamos de padrões muito antigos de egoísmo. Começamos a sentir amor, tanto por nós mesmos quanto pelos demais; passamos a cuidar de nós mesmos e dos outros. Tonglen desperta nossa compaixão e nos faz conhecer uma visão muito mais ampla da realidade.

Para sentir compaixão por outras pessoas, precisamos sentir compaixão por nós mesmos. Precisamos nos preocupar, principalmente, com as pessoas que sentem medo, raiva, inveja, que são dominadas por todo tipo de vício, que são arrogantes, orgulhosas, mesquinhas, egoístas, más — você pode escolher. Ter compaixão e carinho por elas significa não fugir da dor de encontrar essas características em si mesmo. De fato, toda a nossa atitude diante da dor pode mudar. Em vez de rechaçá-la e de nos escondermos dela, é possível abrir nosso coração e nos permitirmos sentir essa dor, senti-la como algo que nos suaviza, purifica e nos torna muito mais amorosos e bondosos.

A prática de tonglen é um método para nos conectarmos com o sofrimento — nosso próprio sofrimento e o que nos rodeia onde quer que possamos ir. É um método que nos leva a superar nosso medo da dor e a dissolver a dureza de nosso coração. Acima de tudo, faz despertar a compaixão que é inerente a todos nós, não importa quanto possamos parecer cruéis ou frios.

Iniciamos essa prática recebendo em nós mesmos a dor de alguém que sabemos estar em sofrimento e desejamos ajudar. Se sabemos que uma criança está sofrendo, por exemplo, inspiramos essa dor, desejando que ela se liberte totalmente do pesar e do medo. Quando expiramos, enviamos felicidade, alegria, ou o que lhe traga alívio. Esta é a essência da prática: inspiramos a dor do outro, para que ele possa sentir-se bem e ter mais espaço para relaxar e abrir, e expiramos, transmitindo relaxamento ou aquilo que sentimos que pode trazer alívio e felicidade.

Frequentemente, entretanto, não conseguimos realizar essa prática porque nos vemos frente a frente com nosso próprio medo, nossa resistência, raiva, ou qualquer outro sofrimento pessoal que esteja presente.

Nesse momento, podemos mudar o foco e começar a praticar tonglen por aquilo que estamos sentindo e por milhares de pessoas que, como nós, naquele exato momento, sentem precisamente a mesma impotência e angústia. Talvez sejamos capazes de dar um nome à nossa dor. Reconhecemos claramente o terror, repulsa, raiva ou desejo de vingança. Então, inspiramos por aqueles que estão dominados pelas mesmas emoções e irradiamos alívio ou qualquer outra sensação que proporcione espaço para nós mesmos e para essas incontáveis pessoas. Às vezes, não conseguimos dar um nome ao que estamos sentindo. Mesmo assim, podemos perceber sua presença — um aperto no estômago, uma certa opressão ou o que quer que seja. Simplesmente entramos em contato com o que estamos sentindo e inspiramos, trazendo-o *para dentro* de nós e fazendo isso por todos. Então, enviamos *para fora*, para alívio de todos.

Diz-se, frequentemente, que essa prática contraria o padrão costumeiro que usamos para não desmoronar. Na verdade, a prática de tonglen realmente se opõe à nossa tendência habitual de querer tudo ao nosso próprio modo, de desejar que tudo dê certo para nós, independente do que aconteça aos outros. Ela desfaz os muros que construímos ao redor de nosso coração, as camadas de autoproteção que lutamos tanto para criar. Usando uma linguagem budista, podemos dizer que dissolve a fixação e o apego do ego.

A prática de tonglen reverte a lógica habitual de evitar o sofrimento e buscar o prazer. Nesse processo, nós nos libertamos de padrões muito antigos de egoísmo. Começamos a sentir amor, tanto por nós mesmos quanto pelos demais; passamos a cuidar de nós mesmos e dos outros. Tonglen desperta nossa compaixão e nos faz conhecer uma visão muito mais ampla da realidade. Ele nos apresenta a amplidão ilimitada de shunyata. Quando o praticamos, começamos a nos conectar com a vasta dimensão de nosso ser. Inicialmente, deixamos de dar tanta importância a tudo e nossa experiência passa a ser menos sólida do que parecia.

A prática de tonglen pode ser feita para os que estão doentes, para os que estão morrendo ou já morreram, para todos aqueles que, de alguma forma, estão sofrendo. Tonglen pode ser praticado como uma meditação formal, ou em qualquer lugar e a qualquer momento. Estamos passando e vemos alguém em sofrimento — ali mesmo, começamos a inspirar essa dor e a exalar alívio. Ou então, ao ver alguém sofrendo, podemos desviar o olhar. Esse sofrimento desperta nosso medo ou raiva, nossa resistência e confusão. Portanto, naquele exato momento, podemos praticar tonglen por todas as pessoas que, assim como nós, desejam ser compassivas, mas sentem medo — que desejam ser corajosas, mas são covardes. Em vez de nos punirmos, podemos usar nossos próprios entraves como o primeiro degrau para compreender o que outras pessoas, no mundo inteiro, estão enfrentando. Inspirar por todos nós e expirar por todos nós. Usar o que parece veneno como remédio. Podemos usar nosso sofrimento pessoal como um caminho em direção à compaixão por todos os seres.

Quando praticamos tonglen no momento em que nos deparamos com o sofrimento, apenas inspiramos e expiramos — inspiramos a dor, exalamos amplidão e alívio.

Quando praticamos tonglen como uma meditação formal, devemos seguir quatro passos:

1. Em primeiro lugar, descanse sua mente por alguns segundos em um estado de abertura ou quietude. Esse estágio é tradicionalmente chamado de lampejo da boditchita absoluta, ou de súbita abertura à amplidão e clareza fundamentais.

2. Em seguida, trabalhe com a textura. Inspire o calor, a escuridão e o peso — a sensação de claustrofobia — e expire serenidade, claridade e leveza — a sensação de frescor. Inspire profundamente, por todos os poros, e expire, irradie completamente, usando todos os poros de seu corpo. Faça isso até que essas sensações estejam sincronizadas com sua inspiração e expiração.

3. No passo seguinte, trabalhe com uma situação pessoal — qualquer situação dolorosa que seja real para você. Tradicionalmente, começa-se praticando tonglen por alguém com quem nos preocupamos e que queremos ajudar. Entretanto, como já mencionei, quando seus próprios problemas o impedem de prosseguir, você pode realizar a prática pela dor que está sentindo e, simultaneamente, por todos aqueles que, como você, passam pelo mesmo tipo de sofrimento. Por exemplo, se está se sentindo incapaz, inspire essa sensação, por si mesmo e pelos outros que estão no mesmo barco, e exale confiança, sentimento de ser capaz ou de alívio, da forma que desejar.

4. Finalmente, torne esse processo mais abrangente. Se você está praticando tonglen por alguém que ama, estenda a prática a todos aqueles por quem nutre o mesmo sentimento. Se está praticando por alguém que viu na televisão ou na rua, faça o mesmo por todos que estão em situação semelhante. Não se limite a uma única pessoa. Talvez já seja suficiente praticar por todos aqueles que, como você, estão dominados pela raiva, medo, ou por qualquer outro sentimento que também o aprisione. Entretanto, em todos esses casos, você pode ir além. Você pode praticar tonglen por aqueles que considera inimigos — aqueles que o ferem ou ferem alguém. Faça tonglen por eles, pense neles como dominados pela mesma confusão e impotência que vê em si mesmo e naqueles que ama. Inspire a dor deles, expire alívio.

A prática de tonglen pode ser infinitamente ampliada. À medida que pratica, gradualmente e ao longo do tempo, verá que sua compaixão naturalmente se expande e o mesmo acontece com a percepção de que as coisas não são tão sólidas quanto você pensava. À medida que pratica, gradualmente e em seu próprio ritmo, ficará surpreso ao perceber-se cada vez mais capaz de ajudar os outros, mesmo em situações que pareciam insolúveis.

DEZESSEIS

Os servidores da paz

O que torna as paramitas diferentes das ações comuns é que elas são baseadas em prajna. Prajna é uma maneira de ver que continuamente dissolve qualquer tendência a usar as situações para conseguir alguma base sob os pés. É uma espécie de detector de besteiras que nos protege contra sermos cheios de razão.

Suponha que exista um lugar aonde poderíamos ir para aprender a arte da paz, uma espécie de campo de treinamento para guerreiros espirituais. Em vez de gastar horas e horas nos disciplinando para derrotar o inimigo, poderíamos passar horas e horas desfazendo as causas da guerra.

Tal lugar poderia ser chamado de campo de treinamento do bodisatva — ou treinamento para os servidores da paz. A palavra *bodisatva* tem a ver com aqueles que se comprometeram com o caminho da compaixão. Esse campo de treinamento poderia ser dirigido por Nelson Mandela, Madre Teresa ou Sua Santidade, o Dalai Lama. Mais provavelmente, seria dirigido por pessoas que nem conhecemos e de quem nunca ouvimos falar, apenas os homens e as mulheres comuns de toda parte do mundo que dedicam sua vida a ajudar os outros a se livrarem da dor.

Os métodos ensinados no treinamento do bodisatva poderiam incluir a prática de meditação e tonglen. Poderiam também incluir as seis *paramitas* — as seis atividades dos servidores da paz.

A palavra *paramita* significa "ir até a outra margem". Essas ações são como um bote que usamos para atravessar o rio do samsara. As paramitas são também chamadas ações transcendentes porque são baseadas em dar um passo além das noções convencionais de virtude e não virtude. Elas nos treinam para irmos completamente além das limitações da visão dualista e para desenvolvermos uma mente flexível.

Um dos principais desafios desse campo seria evitar tornar-se moralista. Com pessoas vindas de todos os países, haveria muitas opiniões conflitantes sobre o que é ou não ético, sobre o que é ou não proveitoso e, provavelmente, logo precisaríamos pedir às pessoas mais sensatas e despertas do local que dessem um curso sobre flexibilidade e humor!

À sua própria maneira, Trungpa Rinpoche idealizou um curso assim para seus alunos. Ele nos pedia para memorizar certos cantos e alguns meses depois de a maioria de nós ter conseguido aprender, mudava a letra. Ele nos ensinava determinados rituais e queria que praticássemos com muita precisão. Quando estávamos quase começando a criticar aqueles que erravam ao praticá-los, ele nos ensinava os rituais de forma totalmente diferente. Mandava imprimir lindos manuais com todos os procedimentos corretos, mas, de modo geral, eles já estavam desatualizados antes mesmo de serem publicados. Após anos desse tipo de treinamento, começa-se a desistir de ter controle. Se as instruções de hoje são para colocarmos tudo do lado direito, fazemos isso tão impecavelmente quanto possível. Se amanhã as instruções são para colocar tudo do lado esquerdo, nós as cumprimos com todo o coração. A ideia de que existe uma única maneira correta como que se dissolve em névoa.

Meditação e tonglen são métodos bastante testados para treinar a habilidade de se adaptar e soltar a mente rígida. As seis paramitas complementam essas práticas e trazem o treinamento para todas as atividades de nossa vida. Elas se tornam os meios para transformar tudo que fazemos em uma maneira de viver a arte da paz.

O que torna as paramitas diferentes das ações comuns é que elas são baseadas em *prajna*. Prajna é uma maneira de ver que continuamente dissolve qualquer tendência a usar as situações para conseguir alguma base sob os pés. É uma espécie de detector de besteiras que nos protege contra sermos cheios de razão.

Quando estamos sendo treinados na arte da paz, não nos fazem qualquer promessa de que, já que temos boas intenções, tudo vai dar certo. Na verdade, não há nenhuma promessa de qualquer tipo de realização. Em vez disso, somos encorajados a apenas olhar profundamente para a alegria e para a tristeza, para o riso e o choro, para a esperança e o medo, para tudo aquilo que vive e morre. Aprendemos que a gratidão e a ternura são o que realmente nos cura.

Isso não significa que vamos dizer: "Não é tanto por mim, mas se eu mudasse o mundo, ele seria melhor para as outras pessoas." É menos complicado que isso. Não nos dispomos a salvar o mundo — perguntamos a nós mesmos como estão os outros e refletimos sobre como nossas atitudes afetam o coração dos demais.

As cinco primeiras ações transcendentes são generosidade, disciplina, paciência, empenho e meditação. Elas são inseparáveis da sexta — prajna, que torna impossível utilizar nossas ações para conseguir segurança. Prajna é a sabedoria que corta o imenso sofrimento decorrente de tentar proteger nosso próprio território.

Em si mesmas, as palavras *generosidade*, *disciplina*, *paciência* e *empenho* podem ter uma conotação rígida para muitos de nós. É possível que elas soem como uma pesada lista do que "devemos" ou "não devemos" fazer, ou nos façam lembrar das regras escolares ou da pregação dos moralistas. Entretanto, essas paramitas não têm nada a ver com estar à altura de algo. Se pensarmos que elas se referem a alcançar algum padrão de perfeição, nós nos sentiremos derrotados antes mesmo de começar. É mais correto expressar as paramitas como uma caminhada exploratória, não como uma série de mandamentos gravados em uma pedra.

A primeira paramita é a generosidade, a jornada para aprender a dar. Quando nos sentimos inadequados e sem valor, armazenamos coisas. Estamos com tanto medo — medo de perder, medo de nos sentirmos ainda mais feridos pela carência. Essa avareza é extremamente triste. Ver como nos agarramos e apegamos com tanto medo pode até dar vontade de chorar. Esse apego nos causa enorme sofrimento. Queremos consolo, mas, em vez disso, reforçamos a aversão, o sentimento de pecado, a sensação de que somos um caso perdido.

Quando vamos além da pobreza de estar tão atado, as causas da agressão e do medo começam a se dissolver por si mesmas. Portanto, a ideia básica da generosidade é treinar-se para pensar grande, para fazer a nós mesmos o maior favor do mundo e parar de cultivar nossos próprios esquemas. Quanto mais experimentamos a riqueza fundamental, mais conseguimos abrir mão de nosso apego.

Essa riqueza fundamental está disponível a cada momento. A chave está em relaxar: relaxar diante de uma nuvem no céu, de um passarinho com asas cinzentas, do som do telefone que está tocando. Podemos ver a simplicidade nas coisas como elas são. Podemos experimentar os cheiros e sabores, sentir as emoções e ter lembranças. Quando somos capazes de estar bem ali sem dizer: "Eu definitivamente concordo com isso" ou "eu definitivamente não concordo com isso", mas apenas estando ali muito diretamente, encontramos a riqueza fundamental por toda parte. Ela não é nossa nem de ninguém, ela está sempre disponível para todos. Nas gotas de chuva e nas gotas de sangue, na melancolia e no prazer, essa riqueza é a natureza de todas as coisas. Ela é como o sol que brilha para todos sem discriminação. É como um espelho, já que está disposta a refletir qualquer coisa sem aceitar ou rejeitar.

A jornada da generosidade consiste em conectar-se com essa riqueza, apreciando-a tão profundamente que ficamos dispostos a nos desfazer daquilo que a bloqueia. Tiramos nossos óculos escuros, nossos casacos compridos, nossos capuzes e disfarces. Em resumo, nós nos abrimos e nos permitimos ser tocados. Esse processo é chamado de construção da confiança na riqueza que tudo permeia. Na vida cotidiana, no nível mais comum, nós a experimentamos como flexibilidade e calor.

Quando alguém toma formalmente o voto do bodisatva, no momento mais importante da cerimônia, entrega um presente ao mestre. As instruções são para que se dê algo precioso, algo de que é difícil separar-se. Certa vez, passei um dia inteiro com um amigo que estava tentando decidir o que dar. Assim que ele se resolvia por alguma coisa, seu apego por tal objeto tornava-se intenso. Depois de algum tempo, estava se sentindo em frangalhos. O simples pensamento de perder apenas um de seus objetos favoritos era mais do que podia suportar. Mais tarde, mencionei esse episódio a um mestre que estava em visita. Ele disse que essa situação poderia representar uma oportunidade para que esse homem desenvolvesse compaixão por si mesmo e por todos que estivessem igualmente presos no sofrimento do apego — por todos aqueles que simplesmente não conseguem abrir mão.

Dar bens materiais pode ajudar as pessoas. Se são necessários alimentos e podemos dá-los, fazemos isso. Se são necessários abrigo, livros ou remédios e podemos dá-los, fazemos isso. Da melhor forma possível, cuidamos de qualquer pessoa que precise de nós. Entretanto, a verdadeira transformação ocorre quando abandonamos nosso apego e nos desfazemos daquilo que julgávamos impossível dar. As atitudes tomadas no nível mais exterior têm o poder de desfazer padrões profundamente enraizados de apego a si mesmo.

À medida que conseguirmos dar desse modo, poderemos ensinar essa habilidade aos outros. Isso é chamado de dar o presente do destemor. Quando tocamos a simplicidade e a bondade de tudo, e percebemos que fundamentalmente não estamos atolados na lama, é possível compartilhar esse alívio com os demais e prosseguir juntos na jornada. Compartilhamos o que já aprendemos sobre tirar as viseiras e abrir as armaduras, sobre ser destemido o bastante para remover a máscara.

Também podemos dar de presente o darma. Na medida em que somos capazes, damos instruções sobre meditação. Falamos às pessoas sobre tonglen. Mostramos livros e fitas, avisamos sobre palestras e sessões de prática. Damos às pessoas ferramentas para que descubram por si mesmas o que nos encorajou a soltar nosso apego, o que nos encorajou a pensar grande.

Dissolver as causas da agressão exige disciplina, uma disciplina suave mas muito precisa. Sem a paramita da disciplina, simplesmente não temos o apoio necessário para evoluir.

Lembro o primeiro retiro que conduzi após a publicação de *The Wisdom of no Escape* (*A Sabedoria de Não Ter Saída*). As pessoas, na maioria, vieram porque se sentiam inspiradas pela noção de maitri que permeia esse livro. Lá pelo terceiro dia do programa, estávamos todos sentados em meditação quando, de repente, uma mulher se levantou, espreguiçou-se um pouco e deitou-se no chão. Mais tarde, quando perguntei a ela sobre isso, respondeu: "Bem, eu estava tão cansada que resolvi ser bondosa comigo mesma e me dar um descanso." Foi então que percebi que precisava falar sobre a magia da disciplina e sobre não se deixar levar pelas próprias oscilações de humor.

A primeira vez em que meditei com os alunos de Trungpa Rinpoche foi em 1972. Ele estava há pouco tempo na América do Norte e sua ambientação, como costumávamos chamar, estava começando a se desenvolver. Em um canto da sala, um homem havia se equilibrado em cima de três almofadas redondas e, a cada cinco ou dez minutos, elas desmoronavam. Então, ele se ajeitava mais uma vez e continuava. Outra aluna, a toda hora, dava um pulo e saía da sala chorando. Ela repetiu isso umas cinco vezes, durante uma hora de prática sentada. Quando iniciamos a meditação em movimento, havia tantas maneiras excêntricas e diferentes de praticá-la quanto o número de pessoas na sala. Um arqueava muito os joelhos e caminhava como se estivesse flutuando no espaço, outro, andava para trás. O conjunto era engraçado e nos distraía muito. Pouco depois disso, Rinpoche lentamente começou a introduzir uma forma padrão de meditação e as coisas se acalmaram bastante.

Não disciplinamos o que é "mau" ou o que está "errado" em nós. Disciplinamos qualquer forma de fuga potencial da realidade. Em outras palavras, a disciplina nos permite estar bem ali e nos conecta com a riqueza do momento.

O que torna a disciplina livre de severidade é prajna. Não é o mesmo que receber instrução para não desfrutar daquilo que é prazeroso ou para nos controlarmos a qualquer custo. Em lugar disso, a jornada da disciplina fornece o encorajamento que nos permite soltar. É um tipo de processo de desconstrução que nos dá apoio para irmos contra a corrente de nossos dolorosos padrões habituais.

No nível externo, podemos pensar na disciplina como uma estrutura — um período de meditação de trinta minutos ou uma aula de duas horas sobre o darma. O melhor exemplo é provavelmente a técnica da meditação. Sentamos em uma determinada posição e permanecemos tão fiéis à técnica quanto possível. Apenas direcionamos uma leve atenção para nossa expiração, continuamente, atravessando alterações de humor, lembranças, dramas e tédio. O simples processo repetitivo funciona como um convite para que a riqueza fundamental entre em nossa vida. Dessa forma, seguimos as instruções, exatamente como outros meditadores anteriores a nós vêm fazendo há séculos.

Dentro dessa estrutura, prosseguimos com compaixão. Assim, no nível interno, a disciplina está em voltar à suavidade, à honestidade, ao soltar. Nesse nível, ela consiste em encontrar o equilíbrio entre não estar nem muito tenso nem muito distendido — nem muito relaxado nem muito rígido.

A disciplina nos dá apoio para desacelerarmos e para estarmos presentes o bastante para viver nossa vida sem fazer dela uma grande bagunça. Ela nos fornece encorajamento para darmos um passo adiante na ausência de chão.

O poder da paramita da paciência é que ela representa um antídoto contra a raiva, um meio para aprender a amar e apreciar tudo aquilo que encontrarmos no caminho. Paciência não significa resignação — tolerar, suportar, aguentar algo. Em qualquer situação, em vez de reagir imediatamente, podemos mastigá-la, sentir seu cheiro, olhar para ela e nos abrir para ver o que está ali. O oposto da paciência é a agressão — o desejo de saltar e mover-se, de fazer pressão contra a vida, de preencher os espaços. A jornada da paciência envolve relaxar, abrir-se para o que está acontecendo e experimentar uma sensação de encantamento.

Uma amiga me contou que sua avó, descendente em parte de Cherokees, costumava levar seu irmão pequeno e ela para caminhar e observar os animais. Sua avó dizia: "Se vocês ficarem imóveis, poderão ver alguma coisa. Se ficarem bem quietos, poderão ouvir algo." Ela nunca usava a palavra *paciência*, mas foi essa a lição que eles aprenderam.

Tonglen é uma maneira de praticar a paciência. Quando queremos fazer uma súbita mudança, quando começamos a correr pela vida, quando sentimos que precisamos de soluções, quando alguém grita conosco e nos sentimos ofendidos, quando desejamos gritar de volta ou acertar as contas, estamos querendo pôr para fora nosso veneno. Em vez disso, podemos nos conectar com a inquietação humana fundamental, com a agressão humana básica, praticando tonglen para todos os seres. Assim, podemos enviar uma sensação de espaço que acalma ainda mais a situação. Ao sentar e ficar ali, damos espaço para que a reação habitual *não* aconteça. Nossas palavras e ações podem ser muito diferentes, apenas porque, antes de mais nada, demos a nós mesmos um tempo para tocar, sentir e ver a situação.

Como as outras paramitas, o empenho tem uma qualidade de jornada, de processo. No início, percebemos que nem sempre conseguimos praticá-lo. A questão torna-se então: como entrar em contato com a inspiração? Com o brilho e a alegria que estão disponíveis a cada momento? O empenho não tem nada a ver com esforço. Não se trata de um projeto a terminar ou de uma corrida que precisamos vencer. É como acordar em um dia de frio e neve, em uma cabana na montanha, prontos para uma caminhada e saber que, antes de mais nada, é preciso levantar e acender o fogo. Gostaríamos de ficar deitados, aconchegados, mas levantamos e acendemos o fogo porque a luminosidade do dia que nos aguarda é maior que nossa vontade de ficar na cama.

Quanto mais nos conectamos com uma perspectiva mais ampla, mais nos unimos a uma vigorosa alegria. O empenho é o mesmo que entrar em contato com nossa fome de iluminação. Ele nos permite agir, dar e trabalhar com apreço por tudo que surge no caminho. Se realmente soubéssemos quanto sofrimento nossa tentativa de evitar a dor e buscar o prazer traz ao planeta como um todo — como essa atitude nos torna infelizes e interrompe a ligação com nosso coração e inteligência fundamentais — sairíamos correndo e praticaríamos meditação como se a casa estivesse pegando fogo. Praticaríamos como se uma enorme cobra tivesse acabado de cair em cima de nós — não pensaríamos que temos tempo de sobra e que podemos deixar esse assunto para mais tarde.

Devido a prajna essas ações tornam-se os meios para abandonar nossas defesas. Todas as vezes em que damos algo, sempre que praticamos disciplina, paciência ou empenho, é como se estivéssemos tirando de cima dos ombros uma pesada carga.

A paramita da meditação nos permite continuar nessa jornada. Ela é o alicerce para uma sociedade iluminada que não está baseada em vencer ou ser derrotado, em ganho ou perda.

Quando sentamos para meditar, podemos nos conectar com algo incondicional — um estado mental, um ambiente básico que não segura ou rejeita nada. A meditação é, provavelmente, a única atividade que não acrescenta nada ao cenário. Tudo pode vir e ir, sem maiores floreios. A meditação é uma ocupação completamente não violenta, não agressiva. Não preencher o espaço e permitir a possibilidade de contato com uma abertura incondicional — essa atitude nos fornece a base para uma verdadeira mudança. Vocês podem achar que isso é propor a si mesmo uma tarefa quase impossível. Talvez seja verdade. Por outro lado, entretanto, quanto mais sentamos com essa impossibilidade, mais descobrimos que, no final das contas, ela é sempre possível.

Quando nos fixamos a pensamentos e lembranças, estamos nos fixando àquilo que não pode ser agarrado. Quando tocamos esses fantasmas e permitimos que eles se dissipem, podemos descobrir um espaço, uma pausa na tagarelice, um vislumbre do céu aberto. Esse é nosso direito inato — a sabedoria com a qual nascemos, a manifestação ampla e clara da riqueza e da abertura primordiais, da própria sabedoria primordial. Para isso, tudo que precisamos é repousar sem distrações no presente imediato, neste exato momento. E, quando formos arrastados por pensamentos, desejos, esperanças e medos, mais uma vez podemos voltar ao momento presente. Estamos aqui. É como se o vento nos carregasse e o próprio vento nos trouxesse de volta. Podemos repousar no espaço que existe quando um pensamento termina e o próximo ainda não começou. Nós nos treinamos em voltar para a essência imutável deste exato momento. É daí que vem toda a compaixão e inspiração.

A sexta paramita é prajna, aquilo que transforma todas as ações em ouro. Diz-se que as outras cinco paramitas podem nos dar pontos de referência, mas prajna corta tudo isso. Prajna nos transforma em desabrigados. Não temos nenhum lar e, por isso, podemos finalmente relaxar. Não há mais luta. Já não é preciso morder. Já não é preciso tomar partido.

Às vezes, sentimos uma enorme saudade de nossos velhos hábitos. Quando trabalhamos com a generosidade, percebemos nossa nostalgia pelo desejo de apegar-se. Quando trabalhamos com a disciplina, podemos observar como queremos pular fora e não nos conectarmos de jeito algum. À medida que trabalhamos com a paciência, descobrimos nossa vontade de acelerar. Quando praticamos o empenho, percebemos nossa preguiça. Com a meditação vemos nossa discursividade sem fim, nossa inquietação e nossa atitude de "pouco me importa".

Portanto, simplesmente deixamos que essa nostalgia exista, sabendo que todos os seres humanos sentem o mesmo. Existe um lugar para a nostalgia, assim como existe espaço para tudo nesse caminho. Ano após ano, simplesmente continuamos a retirar a armadura e a seguir adiante no caminho da ausência de chão.

Esse é o treinamento do bodisatva, o treinamento dos servidores da paz. O mundo precisa de pessoas treinadas assim — de políticos bodisatvas, policiais bodisatvas, pais bodisatvas, motoristas de ônibus bodisatvas, bodisatvas atendendo no banco e no supermercado. Somos necessários em todos os níveis da sociedade. Somos necessários para transformar nossas mentes e ações, para o bem dos demais e para o futuro do mundo.

DEZESSETE

Opiniões

Quando nos apegamos obstinadamente às nossas opiniões por mais legítima que seja nossa causa, estamos simplesmente adicionando mais agressividade ao planeta e com isso aumentando a violência e o sofrimento. Cultivar a não agressão é cultivar a paz.

Uma das melhores práticas para a vida cotidiana, quando não temos muito tempo para meditar, é perceber nossas próprias opiniões. Quando estamos praticando meditação sentada, faz parte da técnica estar consciente dos próprios pensamentos. Então, sem julgamentos, sem classificá-los como certos ou errados, simplesmente reconhecemos que estamos pensando. Esse é um exercício de não agressão em relação a si mesmo e é também uma prática que traz à tona nossa inteligência — ver que estamos apenas pensando, sem acrescentar qualquer tipo de esperança ou medo, louvor ou culpa. No entanto, quando sentamos para meditar, nem sempre nos saímos tão bem. Perceber que estamos pensando, mesmo quando isso acontece apenas por um quarto de segundo durante uma hora inteira, frequentemente vem acompanhado de culpa ou louvor. É bom ou mau. Seja como for, outros aspectos estão envolvidos, além de simplesmente rotularmos esse processo como "pensando".

Entretanto, após praticarmos meditação por algum tempo, vai se aquietando pelo simples fato de estarmos conosco sem qualquer outra atividade além de estar atento à própria expiração e perceber os pensamentos. Como consequência, aprofundamos cada vez mais nossa percepção. Quer sintamos ou não esse processo, a verdade é que ele está ocorrendo. Na meditação, nós nos permitimos mais espaço, e começamos a ver o que surge com clareza e intensidade crescentes. Vemos que, o tempo todo, produzimos muitos pensamentos e também que surgem lacunas em toda essa tagarelice. Podemos ainda perceber nossas atitudes diante do que está acontecendo. Com isso, entramos em sintonia com nossos padrões habituais e vemos o que fazemos e quem somos no momento em que usamos ideias e opiniões para impedir nossa própria desintegração.

Quando não estamos meditando, também podemos começar a perceber nossas opiniões, da mesma forma que percebemos nossos pensamentos durante a meditação. Essa prática é extremamente útil, pois temos muitas convicções e uma tendência a achar que elas representam a verdade. No entanto, não é bem assim. Elas são apenas nossas opiniões. Nós as sustentamos com grande apoio emocional. Frequentemente, exprimem julgamentos e críticas. Às vezes, refletem nossa apreciação ou elogio. De qualquer modo, temos muitas opiniões.

Opiniões são opiniões, nada mais, nada menos. Podemos começar a percebê-las e a rotulá-las como tal, assim como rotulamos nossos pensamentos. Por meio desse exercício simples, entramos em contato com a noção de ausência de ego. O ego nada mais é que o conjunto de nossas opiniões, mas nós o consideramos sólido e real — uma verdade absoluta sobre como as coisas são. Ter ao menos alguns segundos de dúvida sobre a solidez e verdade absoluta de nossas próprias opiniões, ao menos começar a ver que elas existem, leva-nos a conhecer a possibilidade de ausência de ego. Não temos de nos livrar delas, nem nos criticarmos por tê-las. Podemos apenas observar o que dizemos a nós mesmos e perceber que grande parte disso só reflete nossa visão particular da realidade, que pode ou não ser compartilhada pelos demais.

É possível simplesmente deixar que nossas opiniões passem e voltar ao momento presente. Voltamos a olhar o rosto de quem está à nossa frente, a saborear nosso café, a escovar os dentes, ou ao que quer que estejamos fazendo. Quando, ao menos por um instante, conseguimos perceber nossas opiniões como opiniões, permitindo que elas se dissipem e voltando à qualidade imediata de nossa experiência, descobrimos que estamos em um mundo novinho em folha, que temos olhos e ouvidos novos.

Quando falo em perceber nossas opiniões, estou me referindo a um método simples para começar a prestar atenção no que pensamos e fazemos, e na grande quantidade de energia que acompanha esse processo. Então, é possível também começar a observar como tornamos as coisas sólidas e como é fácil iniciar uma guerra para que nosso ponto de vista prevaleça sobre o dos demais. Somos especialmente tentados a fazer isso quando estamos envolvidos em algum tipo de causa social.

Vamos utilizar o exemplo da camada de ozônio. Estamos certos, quando afirmamos que sua diminuição é um fato científico não uma mera opinião. Entretanto, se tentarmos impedir essa destruição tornando sólidas nossas opiniões contra aqueles que consideramos culpados, nunca mudaremos nada. Negatividade gera negatividade. Em outras palavras, mesmo quando nossa causa é nobre ou tem um bom fundamento, nós não a estamos defendendo quando alimentamos sentimentos agressivos pelos opressores ou por aqueles que criam situações de perigo. Nunca mudaremos nada com a agressividade.

Poderíamos argumentar que a não agressão também não traz muitas mudanças. Ela, entretanto, beneficia imensamente a Terra. A agressividade é a raiz da fome, da miséria e da crueldade no nível pessoal. Quando nos apegamos obstinadamente às nossas opiniões, por mais legítima que seja nossa causa, estamos simplesmente adicionando mais agressividade ao planeta e, com isso, aumentando a violência e o sofrimento. Cultivar a não agressão é cultivar a paz. Para pôr um fim às guerras é preciso deixar de odiar o inimigo. Esse processo começa quando percebemos que nossas opiniões sobre nós mesmos e sobre os demais são apenas uma visão da realidade, sem transformá-las em um motivo para aumentar a negatividade do mundo.

A chave está em perceber a diferença entre uma opinião e a inteligência límpida. Inteligência é ver os pensamentos como tal, sem classificá-los como certos ou errados. No contexto da ação social, vemos quando governos, empresas e pessoas obviamente estão poluindo os rios ou prejudicando pessoas e animais. Podemos tirar fotos. Podemos documentar os fatos. Vemos que o sofrimento é real. Isso é possível porque temos inteligência e não nos deixamos levar por conceitos de bem e mal, esperança e medo.

Cabe a nós separar o que é opinião e o que é fato. Só assim poderemos enxergar com inteligência. Quanto mais pudermos ver com clareza, mais poderosos serão o nosso discurso e as nossas ações. Quanto menos eles estiverem obscurecidos pela opinião, melhor será nossa comunicação, não apenas com os que estão poluindo os rios, mas também com aqueles a quem cabe pressionar essas pessoas.

Como ensinou o Buda, é importante ver o sofrimento como sofrimento. Não estou falando em ignorar ou calar-se, mas quando não acreditamos tanto em nossas opiniões nem solidificamos o conceito de inimigo, estamos conquistando algo. Quando não nos deixamos levar por nossa indignação, vemos a causa do sofrimento com mais clareza e disso decorre o seu fim.

Esse processo exige enorme paciência. É importante lembrar que, quando estamos lá fora, lutando por reformas sem agressividade, estamos trazendo paz ao mundo, mesmo se não atingirmos nosso objetivo específico. Temos de dar o melhor de nós mesmos e, ao mesmo tempo, desistir de qualquer esperança de realização. Don Juan aconselhou Carlos Castañeda a agir como se suas atitudes fossem a única coisa importante do mundo, sabendo, o tempo todo, que elas não têm importância nenhuma. Isso nos leva a uma maior apreciação e menor desgaste, pois passamos a trabalhar com entusiasmo e carinho. Por outro lado, cada dia é um dia novo. Deixamos de estar tão excessivamente voltados para o futuro. Embora estejamos caminhando com uma direção e nosso objetivo seja diminuir o sofrimento, é preciso lembrar que manter nossa clareza mental, manter nossa mente e coração abertos faz parte dessa ajuda. Quando as circunstâncias nos fazem desejar fechar os olhos, tapar os ouvidos e transformar os outros em inimigos, uma causa social pode ser a prática mais avançada. Como continuar a falar e a agir sem agressividade representa um enorme desafio. Para isso, o passo inicial é perceber nossas próprias opiniões.

Não há ninguém no planeta, nem os que consideramos opressores nem os que vemos como oprimidos, que não possua o que é necessário para despertar. Todos nós precisamos de apoio e encorajamento para tomar consciência do que pensamos, falamos e fazemos. Observe suas opiniões. Se elas o tornam agressivo, perceba esse processo. Se elas o tornam não agressivo, perceba isso também. Cultivando uma mente que não se apega ao certo e errado, encontraremos um novo modo de ser. Dessa atitude decorre a definitiva interrupção do sofrimento. E finalmente, nunca desista de si mesmo, pois só assim nunca desistirá dos outros. Dedicadamente, procure fazer o que é preciso para despertar sua inteligência límpida, mas faça isso aos poucos, dia após dia, momento após momento. Se vivermos assim, estaremos beneficiando nosso planeta.

DEZOITO

As instruções orais secretas

Nesse momento desconfortável e ambíguo está nossa própria mente de sabedoria. Ela está bem ali, na incerteza do caos cotidiano.

Às vezes, tarde da noite ou em uma longa caminhada com um amigo, nós nos percebemos expondo nossas ideias sobre como viver, como agir e sobre o que é importante na vida. Se estamos estudando o budismo e praticando meditação, podemos falar em ausência de ego e vacuidade, paciência e generosidade, bondade amorosa e compaixão. Talvez tenhamos acabado de ler ou ouvir algum ensinamento que virou de cabeça para baixo nossa maneira habitual de ver as coisas. Sentimos que nos reconectamos com uma verdade que sempre conhecemos e que, se conseguirmos aprender mais um pouco sobre ela, nossa vida será prazerosa e rica. Dizemos a nosso amigo que gostaríamos muito de abandonar o enorme fardo que sentimos estar sempre carregando. De repente, nós nos sentimos animados e achamos que isso é possível. Contamos de nosso entusiasmo e de como ele traz abertura à nossa vida. Dizemos: "É possível apreciar exatamente as mesmas coisas que normalmente nos deprimem. Podemos sentir encantamento trabalhando, pegando o metrô, retirando a neve, pagando contas e lavando pratos."

Entretanto, você já deve ter percebido que frequentemente existe uma divergência irritante, se não deprimente, entre nossas ideias e boas intenções e as reações que temos diante dos detalhes mais básico das situações da vida real.

Uma tarde, estava em um ônibus em São Francisco, lendo um artigo muito comovente sobre o sofrimento humano e sobre como ajudar os outros. A ideia de ser generosa e de oferecer minha solidariedade àqueles que precisam dela tornou-se tão pungente que comecei a chorar. As pessoas me olhavam, enquanto as lágrimas escorriam pelo meu rosto. Sentia uma grande ternura por todos e surgiu em mim um comprometimento com beneficiar os demais. Assim que cheguei em casa, cansada após trabalhar o dia todo, o telefone tocou e uma pessoa me pediu que eu a ajudasse, assumindo seu lugar e dirigindo a meditação dessa noite. Eu respondi: "Sinto muito, mas não posso. Preciso descansar". E desliguei.

Não é uma questão de fazer a escolha certa ou errada. Simplesmente estamos sempre diante do desafio de unir a inspiração dos ensinamentos e o que eles significam para nós naquele exato momento. Existe uma tensão desconcertante entre nossas aspirações e a realidade de sentir-se cansado, com fome, estressado, assustado, entediado, aborrecido ou com qualquer outro sentimento que estejamos experimentando em um determinado momento da vida.

Naropa, iogue indiano do século XI, um dia encontrou inesperadamente uma velha megera na rua. Ela, evidentemente, sabia que ele era um dos maiores eruditos budistas da Índia e perguntou-lhe se compreendia as palavras de um grande livro que ele levava. Ele respondeu que sim e ela começou a rir e dançar alegremente. Perguntou-lhe, então, se entendia o significado dos ensinamento do livro. Pensando em agradá-la ainda mais, ele respondeu mais uma vez que sim. Nesse momento, ela se enfureceu, gritando que ele era hipócrita e mentiroso. Esse encontro mudou a vida de Naropa, pois sabia que ela o havia desmascarado: na verdade, ele apenas compreendia as palavras e não o profundo significado interior de todos os ensinamentos que sabia expor tão brilhantemente.

Em um grau ou outro, é nesse ponto que também nós nos encontramos. Podemos nos enganar por algum tempo, dizendo que compreendemos a meditação e os ensinamentos, mas, em algum momento, teremos de encarar os fatos. Nada do que aprendemos parece muito aplicável quando somos abandonados pela pessoa que amamos, quando nossos filhos têm um acesso de raiva no supermercado, quando somos insultados por um colega. Como lidamos com o ressentimento, quando nosso chefe entra na sala e grita conosco? Como harmonizamos a frustração e a humilhação com o desejo de ser aberto e compassivo, de não ferir a nós mesmos e aos demais? Como conciliamos a intenção de estar desperto e leve durante a meditação com a realidade de que sentamos, e imediatamente adormecemos? E quando sentamos e passamos o tempo todo pensando no quanto ansiamos por alguém ou por algo que vimos no caminho até a sala de meditação? Ou quando sentamos e nos contorcemos a manhã inteira porque nossos joelhos e costas estão doendo e nos sentimos entediados e fartos? Em lugar de calma, atenção e ausência de ego, percebemos que estamos acumulando mais impaciência, irritação e solidez.

Esse é um ponto em que é interessante estar. Para o praticante, esse é um lugar extremamente importante.

Quando Naropa, buscando o sentido que havia além das palavras, decidiu procurar um mestre, viu-se continuamente pressionado. Intelectualmente, sabia tudo sobre compaixão, mas, quando encontrou um cachorro imundo e cheio de piolhos, olhou em outra direção. De modo semelhante, sabia tudo sobre desapego e ausência de julgamento, mas recusou-se a atender seu mestre, quando este lhe pediu que fizesse algo que desaprovava.

Nós nos sentimos continuamente sob esse tipo de pressão. É nesse ponto que procuramos alternativas a estarmos apenas ali. Esse é um lugar desconfortável e constrangedor e, frequentemente, é nesse ponto que pessoas como nós desistem. Gostávamos da meditação e dos ensinamentos enquanto nos sentíamos inspirados, em contato conosco mesmos e no caminho certo. Mas o que acontece quando começamos a senti-los como um fardo, como se tivéssemos feito a escolha errada, e eles deixam completamente de estar à altura de nossas expectativas? As pessoas que estamos encontrando não são assim tão equilibradas. Na verdade, parecem bastante confusas. A maneira pela qual o lugar está sendo dirigido não é tão eficiente quanto esperávamos. Até mesmo o professor pode ser questionado.

Essa situação de pressão é exatamente o ponto, em nossa meditação e em nossa vida, no qual podemos de fato aprender alguma coisa. O ponto em que não podemos pegar ou largar, em que somos colocados contra a parede, divididos entre a elevação de nossas ideias e a rudeza do que está acontecendo diante de nossos olhos — esse é mesmo um lugar muito proveitoso.

Quando nos sentimos pressionados, nossa mente tem a tendência a tornar-se pequena. Nós nos sentimos infelizes, vítimas, um patético caso perdido. Embora possa parecer incrível, é nesse momento de desconforto, confusão e constrangimento que nossa mente pode tornar-se maior. Em vez de tomar o que aconteceu como uma demonstração de nossa própria fraqueza ou do poder dos outros, em vez de achar que somos idiotas ou que alguém é grosseiro, podemos deixar de lado todas as queixas sobre nós mesmos e sobre os demais. É possível estar ali, desprotegidos e sem saber o que fazer, apenas estando ali com a dura e suave energia do momento. É nesse ponto que começamos a compreender o significado que está por trás dos conceitos e palavras.

Estamos muito acostumados a fugir do desconforto e somos tão previsíveis. Se não gostamos de algo, dirigimos nosso ataque contra alguém ou contra nós mesmos. Queremos ter algum tipo de segurança e certeza quando, na verdade, não temos absolutamente nenhuma base que nos sustente.

Da próxima vez em que sentir que perdeu totalmente o apoio, não considere isso como um obstáculo. Pense nessa situação como um fantástico golpe de sorte. Não temos uma base que nos sustente e, ao mesmo tempo, isso pode nos suavizar e inspirar. Finalmente, após tantos anos, podemos crescer de verdade. Como disse certa vez Trungpa Rinpoche, o melhor mantra é "*OM* — cresça — *swaha*".

O tempo todo nos são oferecidas mudanças. Podemos nos apegar à segurança ou podemos nos permitir estar expostos, como se tivéssemos acabado de nascer, como se saíssemos para o brilho da vida e estivéssemos completamente nus.

Isso pode parecer muito desconfortável ou assustador, mas, por outro lado, é nossa oportunidade para perceber que o mundo rotineiro é tudo o que existe, que podemos vê-lo com novos olhos e, finalmente, despertar do nosso velho sono de ideias preconcebidas.

A verdade, dizia um antigo mestre chinês, não é nem isso nem aquilo. É como um cão ansioso diante de uma tigela de gordura fervente. Ele não pode desistir dela porque é saborosa demais e não pode lambê-la porque está quente demais.

Portanto, como nos relacionamos com essa pressão? De algum modo, alguém afinal precisa nos encorajar a sermos curiosos diante desse território desconhecido e de uma questão que é irrespondível: o que vai acontecer em seguida?

Quando nos sentimos pressionados, essa qualidade imediata está disponível. Nesse momento desconfortável e ambíguo está nossa própria mente de sabedoria. Ela está bem ali, na incerteza do caos cotidiano.

Precisamos de encorajamento para tentar e experimentar esse tipo de coisa. É bastante ousado e podemos achar que não somos capazes. Mas essa é a questão. Exatamente aí, nesse sentimento de inadequação e inquietação, está nossa mente de sabedoria. Podemos simplesmente experimentar. Não há absolutamente nada a perder. Podemos experimentar deixar de sermos jogados de um lado para outro pelos conceitos de certo e errado, e relaxar na inexistência de um terreno sólido.

Quando eu era criança, tinha um livro de figuras com o título *A Vida dos Santos*. Era cheio de histórias de homens e mulheres que jamais tiveram um pensamento de raiva ou maldade e que nunca feriram uma mosca. Achei esse livro totalmente inútil como guia para nós, seres humanos, de como viver uma boa vida. Para mim, *A Vida de Milarepa* é muito mais instrutivo. Ao longo dos anos, à medida que li e reli a história de Milarepa, percebi que ela me orientava quanto ao ponto em que estava presa e as razões pelas quais parecia não progredir. Para começo de conversa, Milarepa foi um assassino e, como a maioria de nós quando pomos tudo a perder, queria reparar seus erros. E, como a maioria de nós, no processo de buscar libertação, com frequência falhava redondamente. Ele mentiu e roubou para conseguir o que queria, ficou tão deprimido que pensou em suicídio, e sentiu nostalgia pelos tempos melhores que já haviam passado. Como para a maioria de nós, havia em sua vida alguém que o testava continuamente e desmascarava sua aparência de santo. Mesmo quando quase todos o reconheciam como um dos homens mais virtuoso do Tibete, sua velha e vingativa tia continuava a bater nele e a xingá-lo, e ele mais uma vez precisava lidar com esse tipo de humilhação.

Podemos ficar muito gratos porque uma longa linhagem de mestres trabalhou para manter sua posição, mesmo estando sob uma grande pressão. Esses mestres foram testados e falharam e, ainda assim, continuaram a explorar o apenas ali, sem buscar uma base sólida. Treinaram-se continuamente, durante toda a vida, para não desistir de si mesmos e para não fugir quando seus conceitos e nobres ideais caíram por terra. Com sua própria experiência, nos transmitiram o encorajamento para não passar por cima dessa grande pressão, desviando o olhar, mas encará-la tal como se apresenta. Eles nos mostraram como experimentá-la plenamente, não como boa ou ruim, mas simplesmente como comum e incondicional.

Esse foi o tipo de instrução que Naropa recebeu de seu mestre Tilopa, quando começou a tentar descobrir o profundo significado de tudo que ocorre no caminho. Possamos ser tão corajosos quanto ele foi ao tentar descobrir o que tudo isso significa.

DEZENOVE

Três métodos para lidar com o caos

O ponto principal desses métodos está em dissolver a luta dualística, nossa tendência habitual para lutar contra o que está acontecendo em nós ou a nós. Esses métodos nos ensinam a caminhar na direção das dificuldades, em vez de recuar. É muito raro ter esse tipo de encorajamento.

Praticamos para nos livrarmos de um fardo — o fardo de uma perspectiva estreita causada pelo anseio, agressão, ignorância e medo. Somos oprimidos por pessoas com as quais convivemos, por situações que acontecem em nossa vida diária e, acima de tudo, por nossa própria personalidade.

Com a prática, percebemos que não é preciso obscurecer a alegria e abertura que estão presentes em cada momento de nossa existência. Podemos despertar para a bondade fundamental, nosso direito inato. Quando somos capazes de fazer isso, não nos sentimos mais oprimidos pela depressão, preocupação ou ressentimento. A vida torna-se ampla como o céu e o mar. Existe espaço para relaxar, respirar e nadar. Nadar para tão longe que deixamos de ter o ponto de referência da margem.

Como lidar com a sensação de opressão? Como aprender a relacionar-se com o que parece se interpor entre nós e a felicidade que merecemos? Como aprender a relaxar e a conectar-se com a alegria fundamental?

No mundo todo, os tempos são difíceis. Despertar não é mais um luxo ou um ideal — está se tornando crucial. Não é preciso acrescentar mais depressão, mais desânimo ou raiva a tudo que já existe. Está se tornando essencial aprender a relacionar-se de maneira saudável com esses tempos difíceis. A Terra parece estar nos implorando para que nos conectemos com a alegria e descubramos nossa essência mais profunda. Essa é a melhor maneira de conseguirmos beneficiar os outros.

Existem três métodos tradicionais para relacionar-se diretamente com circunstâncias difíceis, como um caminho para a alegria e o despertar. Chamaremos o primeiro método de parar de lutar. O segundo, de usar o veneno como remédio, e o terceiro, de ver tudo que surge com sabedoria iluminada. Essas são as três técnicas para lidar com o caos, com as dificuldades e as situações indesejáveis de nossa vida cotidiana.

O primeiro método — parar de lutar — está sintetizado nas instruções shamatha-vipashyana. Quando sentamos para meditar, olhamos diretamente para tudo que surgir na mente, rotulamos "pensando" e voltamos para a simplicidade e presença imediata da respiração. Continuamente, voltamos para a consciência incorrupta e livre de conceitos. Com a prática da meditação, deixamos de lutar conosco mesmos, com as situações, emoções e estado de espírito. Essa instrução básica é uma ferramenta que podemos usar para nos treinarmos em nossa prática e na vida, vendo tudo que surgir com uma atitude isenta de julgamento.

Essa instrução aplica-se ao trabalho com o desprazer em seus infinitos aspectos. Independente de quem ou do que surja, nós nos treinamos continuamente para olhar e ver exatamente o que está diante de nós, sem xingar, sem atirar pedras, sem desviar os olhos. Deixamos de lado toda essa história. A essência mais profunda da mente é imparcial. As situações surgem e se dissolvem infinitamente. É assim que é.

Esse é o método principal para lidar com situações dolorosas — com o sofrimento que há no mundo, na família, com qualquer tipo de dor. Podemos parar de lutar contra o que acontece e olhar sua verdadeira face, sem chamá-lo de inimigo. É bom lembrar que nossa prática não se destina a atingir algo — não se relaciona com vencer ou perder — mas, sim, a parar de lutar e relaxar naquilo que é. Isso é o que estamos fazendo quando sentamos para meditar e essa atitude se estende para o resto de nossa vida.

É como convidar o que é assustador para que se apresente e fique por aqui um pouco. Como cantou Milarepa para os monstros que encontrou em sua caverna: "É maravilhoso que vocês, demônios, tenham vindo hoje. Vocês devem voltar amanhã. De tempos em tempos, devemos conversar." Começamos trabalhando com os monstros de nossa mente. Então, desenvolvemos sabedoria e compaixão para nos comunicarmos de maneira saudável com as ameaças e os medos de nossa vida cotidiana.

Machig Labdrön, iogue tibetana, destemidamente treinou-se nessa atitude. Ela dizia que, em sua tradição, os demônios não eram exorcizados, mas tratados com compaixão. O conselho que ela recebeu de seu mestre e passou a seus alunos foi: "Aproxime-se daquilo que considera repulsivo, ajude aqueles que você acha que não pode ajudar e vá aos lugares que o assustam." Esse processo começa quando sentamos para meditar e praticamos deixar de lutar com nossa própria mente.

O segundo método para lidar com o caos consiste em usar o veneno como remédio. Podemos utilizar as situações difíceis — o veneno — como combustível para despertar. De modo geral, essa noção nos é apresentada pela prática de tonglen.

Quando surge qualquer situação difícil — qualquer tipo de conflito, algum nível de autodepreciação, tudo que parece desagradável, constrangedor ou doloroso — em vez de tentar nos livrarmos dela, nós a inspiramos. Os três venenos são a paixão (que inclui o anseio e o vício), a agressão e a ignorância (que inclui a negação ou tendência a fechar-se e afastar-se). Normalmente, pensamos nesses três venenos como algo ruim, algo a ser evitado. Entretanto, essa não é a atitude aqui. Em vez disso, eles se tornam sementes de compaixão e abertura. Quando o sofrimento surge, as instruções de tonglen nos dizem para parar de remoer nossa história e inspirar — não apenas a raiva, ressentimento ou solidão que possamos estar sentindo, mas o sofrimento idêntico de outros que, neste exato momento, estão também sentindo ódio, amargura ou isolamento.

Inspiramos por todos os demais. Esse veneno não é simplesmente nosso infortúnio pessoal, nossa própria culpa, imperfeição ou vergonha — faz parte da condição humana. Ele representa nosso parentesco com todos os seres vivos, o material necessário para entendermos o que quer dizer colocar-se no lugar de alguém. Em vez de afastar-se ou fugir da situação, nós a inspiramos e estabelecemos pleno contato com ela. Fazemos isso com a intenção de que todos possamos estar livres do sofrimento. Então expiramos, exalando uma sensação de espaço amplo, de ventilação e frescor. Fazemos isso com o desejo de que todos possamos relaxar e experimentar a mais profunda essência de nossa mente.

Desde a infância, dizem-nos que há algo errado conosco, com o mundo e com tudo que acontece: não é perfeito, é áspero, tem um gosto amargo, está alto demais, macio demais, agudo demais, insípido demais. Cultivamos essa atitude de tentar tornar as coisas melhores porque algo está ruim, há um erro, um problema. O ponto principal desses métodos está em dissolver a luta dualística, nossa tendência habitual para lutar contra o que está acontecendo em nós ou a nós. Esses métodos nos ensinam a caminhar na direção das dificuldades em vez de recuar. É muito raro ter esse tipo de encorajamento.

O que acontece não apenas pode ser utilizado e explorado mas, na verdade, representa o próprio caminho. É possível usá-lo como um meio para despertar. Podemos usar tudo — sejam nossa emoções e pensamentos conflitantes ou nossa situação aparentemente externa — para identificar em que ponto estamos adormecidos e como podemos despertar completamente, inteiramente, sem reservas.

O segundo método consiste em utilizar o veneno como remédio, usar as situações difíceis para despertar nosso autêntico carinho pelos outros que, assim como nós, frequentemente estão sofrendo. Há um lema lojong que diz: "Quando o mundo está repleto de mal, todos os infortúnios e dificuldades devem ser transformados em caminho para a iluminação". Essa é a atitude cultivada aqui.

O terceiro método para lidar com o caos é ver tudo que surge como manifestação da energia desperta. Podemos ver a nós mesmos como já despertos, podemos perceber nosso mundo como já sagrado. Tradicionalmente, um campo mortuário é a imagem utilizada para representar aquilo que surge como a própria energia da sabedoria. No Tibete, os campos mortuários eram o que chamamos de cemitério, mas não tão agradáveis quanto os nossos. Os corpos não ficavam sob um lindo gramado regular, com lápides brancas entalhadas com anjos e palavras bonitas. No Tibete, o chão congela e, por isso, quando as pessoas morriam, seus corpos eram retalhados e levados para esses campos, para serem comidos pelos abutres. Tenho certeza de que esses locais não cheiravam muito bem e deviam oferecer uma visão alarmante. Havia olhos, cabelos, ossos e outras partes do corpo espalhados por todo lado. Em um livro sobre o Tibete, vi uma fotografia de pessoas trazendo um cadáver para um desses campos. Sentados em círculo, abutres, que pareciam ter o tamanho de uma criança de dois anos, simplesmente esperavam sua chegada.

Talvez o que esteja mais próximo de um campo mortuário em nosso mundo não seja um cemitério, mas o pronto-socorro de um hospital. Essa imagem poderia servir como base para nosso trabalho, já que este se fundamenta em alguma honestidade diante do funcionamento do reino humano. Há cheiros, há sangue, tudo é muito imprevisível, mas, ao mesmo tempo, há uma sabedoria que se autoirradia, um bom alimento que nos nutre, que é puro e benéfico.

Encarar o que surge como energia desperta reverte nosso padrão habitual fundamental de tentar evitar o conflito, de tentar nos tornarmos melhores do que somos, atenuar as coisas e torná-las mais agradáveis, de tentar provar que a dor é um erro e que ela não existiria em nossa vida se fizéssemos tudo certo. Essa visão altera completamente esse padrão específico e nos encoraja a olhar o campo mortuário de nossa vida como uma base de trabalho para alcançar a iluminação.

Frequentemente, entramos em pânico em nossa vida cotidiana. Nosso coração palpita e sentimos um aperto no estômago porque estamos discutindo com alguém, ou porque tínhamos um excelente plano e ele não está dando certo. Como entramos nessas novelas? Como lidamos com esses demônios que basicamente são feitos de esperanças e medos? Como parar de lutar consigo mesmo? Machig Labdrön nos aconselha a ir aos lugares que nos atemorizam. Mas como fazer isso?

Estamos tentando aprender a não nos dividirmos entre nosso "lado bom" e nosso "lado mau", entre nosso "lado puro" e o "impuro". A luta fundamental é com nosso sentimento de sermos errados, com nossa culpa e vergonha diante daquilo que somos. É com esses aspectos que precisamos fazer amizade. O importante é que podemos dissolver a sensação de dualismo entre nós e eles, entre isso e aquilo, entre aqui e ali, caminhando na direção daquilo que consideramos difícil e gostaríamos de evitar.

Em termos de experiência cotidiana, esses métodos nos encorajam a não nos sentirmos constrangidos diante de nós mesmos. Não há nada do que se envergonhar. É como a culinária étnica. Podemos sentir orgulho em preparar matzo balls judaicos, nosso curry indiano, em mostrar os miúdos de porco que fazemos seguindo a receita afro-americana, o hambúrguer com fritas típico da classe média norte-americana. Existem muitos aspectos saborosos de que podemos nos orgulhar. O caos faz parte de nosso quintal. Em vez de buscar algo mais elevado ou puro, lidamos com ele, exatamente como ele é.

O mundo em que nos encontramos, aquela pessoa que achamos que somos — essas são nossas bases de trabalho. Esse campo mortuário chamado vida é a manifestação da sabedoria. A sabedoria é a base da liberdade e também da confusão. A cada momento, fazemos uma escolha. Qual a direção que tomamos? Como nos relacionamos com a matéria-prima de nossa existência?

Esses são três métodos muito práticos para lidar com o caos: não lutar, usar o veneno como remédio e ver tudo que surge como manifestação da sabedoria. Em primeiro lugar, nós podemos treinar em parar de remoer e soltar nossas velhas histórias. Desacelerar o suficiente para estar apenas presente, abandonar a profusão de julgamentos e estratégias, e parar de lutar. Em segundo, podemos usar todos os dias de nossa vida para assumir uma atitude diferente diante do sofrimento. Em vez de afastá-lo, podemos inspirá-lo com a intenção de que todos parem de sofrer, com o desejo de que pessoas, em todos os lugares, possam sentir contentamento no coração. Podemos transformar o sofrimento em felicidade.

Em terceiro, podemos reconhecer que o sofrimento existe, que a escuridão existe. O caos aqui dentro e lá fora — essa é a energia fundamental, o jogo da sabedoria. Encarar nossa situação como céu ou inferno depende de nossa própria percepção.

Finalmente, não poderíamos apenas ser mais leves e relaxados? Quando acordarmos pela manhã, podemos dedicar nosso dia a esse aprendizado. Podemos cultivar o senso de humor e a prática, dando a nós mesmos uma pausa. Sempre que sentarmos para meditar, podemos encarar essa prática como um treinamento de leveza, senso de humor e relaxamento. Como disse um aluno: "Baixe seu padrão e relaxe assim como está."

VINTE

O truque de não ter opção

Não experimentamos o mundo plenamente até estarmos dispostos a dar tudo que temos. Samaya significa não reservar nada, não preparar uma rota de fuga, não procurar alternativas, não achar que ainda temos muito tempo e que podemos deixar essas coisas para depois.

Os ensinamentos budistas são dirigidos às pessoas que não têm muito tempo a perder. Isso inclui todos nós, quer saibamos disso ou não. Do ponto de vista dos ensinamentos, achar que ainda temos muito tempo e que podemos deixar essas coisas para depois constitui o maior dos mitos, a grande loucura e o pior veneno. Isso, juntamente com nossa contínua e arraigada tendência para tentar escapar daquilo que estamos fazendo, obscurece nossas percepções e pensamentos. Se soubéssemos que vamos ficar cegos hoje à noite, olharíamos com saudade, olharíamos realmente, pela última vez, para cada folhinha de grama, cada nuvem, cada grão de pó, cada arco-íris ou gota de chuva — para tudo. Se soubéssemos que vamos ficar surdos amanhã, valorizaríamos cada um dos sons que ouvimos. Os ensinamentos vajrayana* tentam nos assustar, fazendo com que despertemos para o fato de que o tempo é muito escasso e o nascimento humano, muito precioso.

No vajrayana, existe algo chamado de vínculo *samaya*, por meio do qual a totalidade da experiência do aluno está ligada ao caminho. Em um determinado momento, após muito questionamento racional, o aluno pode finalmente sentir-se pronto para iniciar um relacionamento desse tipo com seu mestre. Se o aluno aceita

* O "veículo de diamante"; a prática de ver o resultado como caminho.

completamente seu mestre e confia nele, e se o mestre o aceita, eles podem iniciar um relacionamento incondicional denominado samaya. O mestre nunca desistirá do aluno, independente de quanto este esteja confuso, e o aluno também nunca deixará o mestre, não importa o que aconteça.

Aluno e mestre estão atados. É como se fizessem um pacto de alcançar a iluminação juntos. Outra definição do samaya é "juramento sagrado", ou "compromisso sagrado". Isso, entretanto, não tem nada a ver com "santo". Esse é um compromisso com a sanidade — com a sanidade indestrutível. Samaya assemelha-se a um casamento com a realidade, com o mundo fenomenal. Mas esse é um truque. Esse casamento é um pouco como estar com amnésia. Achamos que decidimos casar com esse companheiro por nossa livre e espontânea vontade. Entretanto, embora não saibamos, já somos casados com ele.

Samaya é um truque porque pensamos ter a escolha de assumir ou não o compromisso com a sanidade, mas o fato é que nunca tivemos escolha. Esse é um truque compassivo que nos ajuda a perceber que, na verdade, não existe saída. Não há momento melhor que exatamente agora, não há estado de consciência mais elevado que o atual. Esse é o tipo de estratagema que os mestres vajrayanas idealizam em suas horas de folga para sua completa, total e ilimitada diversão: "Como pregar uma peça nesses seres confusos, perplexos e rebeldes para que percebam que já estão despertos — e que isso não depende de escolha?".

Do ponto de vista do samaya, poderíamos dizer que procurar alternativas é a única coisa que nos impede de perceber que já estamos em um mundo sagrado. Procurar alternativas — uma visão melhor do que a que estamos tendo, sons melhores do que os que estamos ouvindo, uma mente melhor do que a nossa — impedem-nos de compreender que podemos estar orgulhosamente no centro da nossa vida e percebê-la como uma mandala sagrada. Temos uma tendência muito arraigada a nos debatermos para escapar, como um besouro preso em um alfinete: nós nos contorcemos e tentamos fugir de estar exatamente onde estamos.

No Budismo vajrayana existem descrições de muitos samayas diferentes, mas todos relacionam-se com perceber que já estamos atados à realidade. Todos eles nos induzem a essa situação sem escolha. Ficamos aqui, mesmo quando cada célula de nosso ser deseja fugir na direção oposta. Não há outra forma de entrar no mundo sagrado. Precisamos parar de pensar que podemos sair e ter sossego em outro lugar. Em vez disso, poderíamos apenas relaxar — relaxar qualquer que seja a situação: na exaustão, indigestão, insônia, irritação ou prazer.

Os samayas mais importantes são os do corpo, fala e mente. O primeiro relaciona-se com estar ligado ao corpo, à forma, àquilo que percebemos com a visão — ficar com isso e nunca desistir do que vemos com nossos próprios olhos.

Diz-se que os samayas do corpo, fala e mente são tão contínuos quanto um rio que corre. Essa não é nossa experiência habitual. Normalmente, ficamos apreensivos bem no momento em que nossa percepção começa a se tornar vívida. O mundo está sempre se expondo, acenando e piscando, mas estamos tão envolvidos conosco mesmos que não o percebemos. Na experiência de ficar e não desistir, o mundo todo, tudo aquilo que vemos, torna-se extremamente vívido, mais sólido e, ao mesmo tempo, menos substancial e mais transparente. Não estamos falando de ver algo além da pessoa que está sentada diante de nós: vemos como seu cabelo está preso no alto ou como cai sobre os ombros, se está sujo ou limpo, escovado ou emaranhado. Vemos um pássaro preto, pousado em um galho, com um graveto no bico. As coisas que vemos o tempo todo podem nos arremessar para fora do doloroso ciclo do samsara.

Quando ficamos com a experiência, ela se torna mais intensa e transparente, e não conseguimos mais deixar de receber a mensagem. Essa mensagem nunca é interpretada. As coisas falam por si mesmas. A almofada vermelha não representa paixão, o ratinho correndo para cá e para lá não representa nossa mente discursiva. São apenas uma almofada vermelha e um ratinho espiando por trás de nossa cadeira.

O mesmo acontece com o som, o som corriqueiro — com tudo que ouvimos, desde o despertador que nos açorda pela manhã, até o barulho que nosso companheiro faz, roncando ao nosso lado à noite. Todos sabemos como são os sons que nos interrompem ou sobressaltam, mas qual é o som de sua caneta enquanto você escreve em seu caderno? Ou quando vira as páginas deste livro? E quanto à sua própria voz? É interessante ouvir a própria voz, pois ela parece ser de outra pessoa. Ouvir o que dizemos, perceber como isso atinge o ambiente, como se comunica, também tem o poder de nos arrancar do entorpecimento do samsara. Mesmo quando estamos sozinhos, nossos bocejos e gases estabelecem uma comunicação. Portanto, todos os sons corriqueiros — sussurrar, arranhar, rir baixinho, mastigar, engolir — podem nos despertar. Na noção de samaya, os sons tornam-se intensos e transparentes quando não evitamos nossa experiência pessoal — quando não achamos que existe um som melhor, mais inspirador, menos irritante ou menos perturbador.

O mesmo acontece com a mente. À medida que praticamos, percebemos que os pensamentos não se vão, mas tornam-se mais precisos e menos substanciais. No nível da mente, quebramos o samaya quando julgamos algo "certo" ou "errado". Achamos que temos de fazer uma escolha, encontrar alguma alternativa a simplesmente estar ali, sem solucionar nada, sem resolver coisa alguma. Poderíamos dizer que, no nível da mente, quebrar o samaya é sentir que precisamos resolver o problema — sentir que há uma solução ou mesmo que existe um problema. Isso nos dá uma ideia de quanto é difícil manter o samaya.

Diz-se, tradicionalmente, que conservar o vínculo samaya é como manter um espelho bem polido: assim que ele acaba de ser limpo, o pó já começa a se acumular. O vínculo samaya baseia-se na experiência e pode ser quebrado por um momento de distração. No entanto, sempre podemos reatá-lo imediatamente, seguindo a bem conhecida instrução de apenas voltar exatamente ao momento presente.

A *Sadhana de Mahamudra* de Trungpa Rinpoche descreve de uma bela maneira o samaya do corpo, fala e mente: "Tudo aquilo que é visto com os olhos é vividamente irreal na vacuidade, embora ainda haja forma". Ela continua, dizendo que o que vemos não é nada além da aparência de nosso mestre. "Tudo o que ouvimos com os ouvidos são ecos da vacuidade, embora reais." E esses sons comuns, cotidianos, são a expressão do som de nosso mestre. Todos os nossos pensamentos e lembranças, "bons e maus, felizes e tristes", todos eles, "dissolvem-se na vacuidade como o rastro de um pássaro no céu". Todos esses pensamentos que surgem constantemente são a mente de nosso mestre. Nesse ponto, começamos a compreender que nosso mestre não está separado de nossa própria experiência. Percebemos que não há outra alternativa além da experiência que temos. Ela é a única que existe e nosso maior mestre.

De acordo com uma famosa citação, o estudante do budismo vajrayana deveria estar sempre em estado de pânico. Estamos muito pouco acostumados a assumir um compromisso tão total quanto o de estar desperto e isso nos deixa nervosos. Uma vez, passei horas e horas em uma determinada prática e fiquei tão agitada que mal conseguia sentar. Mais tarde, contei a Rinpoche que estava irritada com *tudo*, até com os grãos de poeira. Ele me disse que a prática exigia sanidade e que eu ainda não estava acostumada com isso.

No caso de samaya, quando falamos de comprometimento, estamos nos referindo a um compromisso total: com a sanidade, com nossa experiência, com uma relação incondicional com a realidade. As pessoas sempre dizem que é isso que desejam: querem amar e ser amadas incondicionalmente. Achamos que seria ótimo ter um relacionamento desse tipo, mas apenas se pudermos estabelecer nossas próprias regras. Qualquer um que já tenha sido casado ou que tenha vivido um longo relacionamento sabe quantos desafios se apresentam. Somos desafiados a ceder, a abandonar nossa própria maneira de agir e a não procurar a separação quando nos sentimos ameaçados. Basicamente, somos desafiados a ser autênticos — sentir o coração batendo forte, os joelhos tremendo ou qualquer outra reação e permanecer ali. Em resumo, poucos de nós se permitem estar em uma situação que não tenha pelo menos uma minúscula saída, um lugar para onde fugir se houver necessidade.

Na década de 60 no Novo México, eu costumava participar da cerimônia da tenda do suor, um ritual indígena. Insistia em sentar perto da porta porque, se estivesse em qualquer outro lugar, não conseguiria sair. O lugar ficava cada vez mais quente, cheio de vapor, e eu me sentia à beira da morte. Mas se estivesse sentada perto da porta, sabendo que poderia sair, conseguia passar por isso. É claro que, se estivesse sentada longe da porta, também teria que passar por isso, mas me sentia tão descontrolada o tempo todo que não via mais graça em nada. Bem, com samaya, não sentamos perto da porta. É esse o grande truque. É a única maneira de finalmente viver nossa própria experiência, a única entrada para o sagrado autoexistente do mundo.

Trilhamos um caminho antes de nos sentirmos prontos para esse tipo de exigência. Começamos com nossa confusão e rebeldia e deixamos que a meditação e os ensinamentos nos amansem. Acolhemos o que ouvimos com seriedade e fazemos o possível para colocar tudo em prática na nossa vida cotidiana. Esse esforço sincero vai nos acalmando. Não nos tornamos perfeitos de uma hora para outra, nem conseguimos, de repente, sentar longe da porta. Após anos e anos de treinamento honesto e suave, de questionamento inteligente, começamos a confiar na mente básica de sabedoria. Descobrimos que, essencialmente, somos sábios e temos bom coração, e que isso é mais forte e fundamental que nossa dureza e agressividade. À medida que praticamos, revelamos essa sabedoria. É como perceber que o céu e o sol estão sempre ali — são as tempestades e nuvens que vêm e vão. De algum modo, sentir que estamos prontos para não ter saída simplesmente acontece por si mesmo.

O mais famoso aluno de Naropa foi um tibetano denominado Marpa, o Tradutor. Em uma de suas viagens à Índia, Marpa juntou o ouro tradicionalmente dado ao mestre. Não que ele fosse exatamente covarde ou avarento, era até um sujeito muito corajoso e determinado. Quando seus amigos e parentes tentaram conseguir alguém que o acompanhasse em sua viagem do Tibete até a Índia ele recusou, mesmo não estando bem de saúde e tendo mais de 50 anos.

Conta a história que Marpa deu o último presente em ouro para seu mestre Naropa, mas reservou *um pouco* para si mesmo — exatamente como sempre fazemos. Havia uma explicação razoável para isso: ele tinha que voltar para casa e precisava de um pouco de ouro — apenas um pouquinho — para essa viagem. Naropa, entretanto, disse: "Você pensa que pode me comprar com sua trapaça?" Marpa, então, deu-lhe tudo que tinha. Naropa jogou o ouro para o alto e acrescentou: "O mundo todo é ouro para mim." Nesse momento, Marpa compreendeu a natureza da realidade mais intensamente do que jamais havia conseguido.

Não experimentamos o mundo plenamente até estarmos dispostos a dar tudo que temos. Samaya significa não reservar nada, não preparar uma rota de fuga, não procurar alternativas, não achar que ainda temos muito tempo e que podemos deixar essas coisas para depois.

Em certo sentido, o relacionamento samaya como um todo — quer seja com o mundo fenomenal como mestre absoluto, ou com uma pessoa — acaba por nos suavizar. Não conseguimos mais nos enganar, deixamos de ser surdos, mudos e cegos, e sempre recebemos a mensagem. A relação samaya com um mestre vajrayana destina-se a nos ajudar: com ela, percebemos que, se conseguirmos ter um relacionamento incondicional com pelo menos uma pessoa, poderemos ter uma relação semelhante com o mundo. Até esse ponto, achamos que podemos sair, que podemos nos debater. Entretanto, nesse relacionamento específico, assumimos o compromisso de ficar, não importa o que aconteça.

O mais importante aluno de Marpa foi Milarepa e, no início, esse relacionamento foi muito difícil. Milarepa não tinha dúvida de que Marpa era seu mestre e podia conduzi-lo até a iluminação. Por isso, disse a ele: "Eu me comprometo com você totalmente, com meu corpo, fala e mente. Por favor, ajude-me a compreender minha verdadeira natureza." Então, começaram os desafios. Milarepa havia acumulado um pesado carma, principalmente porque havia matado muitas pessoas e causado enorme dor. Para livrar-se desse fardo precisava ser submetido a muitas provas. Marpa o mantinha construindo torres e, quando estavam quase prontas, gritava para que Milarepa as derrubasse. Em seus primeiros anos ali, ele sofreu muito. Não recebia ensinamentos, era insultado continuamente, e construiu torres até que suas costas e mãos estivessem cobertas de feridas. Apesar disso, nunca duvidou das razões de Marpa e, na verdade, embora raramente o demonstrasse, este o amava de todo coração e queria apenas que Milarepa despertasse plenamente. Sempre que Milarepa se rendia diante da situação, sempre que desistia de seu ressentimento, depressão e orgulho, estava abandonando seu velho fardo habitual. Em determinado momento, havia sido tão despojado que não tinha mais nada a perder. Então, Marpa começou a dar-lhe os ensinamentos e esse relacionamento entrou em uma nova fase, de ternura e cordialidade.

Esse, entretanto, é um processo. No início, nosso hábito de fugir está muito arraigado e, portanto, apenas fazemos tentativas de compromisso ao praticar meditação. No começo, as instruções de meditação são tudo o que temos para evitar que nos dissociemos de nosso corpo, fala e mente. Ano após ano, apenas continuamos a praticar, voltando sempre à nossa própria experiência de estar no momento presente.

Estabelecer o vínculo formal de samaya e assumir um relacionamento incondicional com um mestre é como colocar a cabeça na boca do crocodilo. Precisamos de muito tempo para decidir se confiamos nesse crocodilo o bastante para ficar ao lado dele, não importa o que aconteça.

Minha experiência pessoal com esse processo foi muito gradual. Quando encontrei Trungpa Rinpoche pela primeira vez pensei: "Aqui está alguém que não posso enganar." Por essa razão mudei-me para o Colorado, onde poderia passar mais tempo com ele. Fiquei mais perto, mas, definitivamente, não estava pronta para me render.

Havia inteligência nisso: Rinpoche frequentemente me assustava e me fazia sentir ultrajada. Eu não tinha certeza de que podia confiar nele e, acima de tudo, não sabia ao certo se o amava. Na verdade, lembro-me de um retiro no qual, o tempo todo, sempre que olhava para sua fotografia, chorava, porque não conseguia sentir o que eu julgava ser a devoção correta.

Ao mesmo tempo, continuei me aproximando. Ele era a única pessoa com quem podia falar sobre o que me fazia sentir bloqueada ou aberta. Era a única pessoa que podia cortar todas as minhas viagens. De vez em quando, de repente, ele falava comigo — talvez em um grupo, em uma reunião administrativa, mas sempre quando eu menos esperava. Fazia uma pergunta ou comentário e minha mente ficava totalmente paralisada.

Muito tempo depois de tornar-me sua aluna, muito depois de começar a prática vajrayana — bem depois da época em que os praticantes, normalmente, tomam o voto formal de samaya com seu mestre — finalmente senti que, sem nenhuma dúvida, podia confiar minha vida a ele. Não importa o que dissesse ou fizesse, ele era minha ligação com o mundo sagrado. Sem ele, não teria tido nenhuma indicação do que isso significa. À medida que seguia seus ensinamentos e despertava, percebi sua ilimitada bondade e experimentei a amplidão de sua mente. Nesse ponto, o único lugar em que eu queria estar era na boca do crocodilo.

Quando digo que samaya é um truque, quero dizer que ele nos induz a perceber que nossa relação com o mundo fenomenal nunca nos ofereceu escolha. Não temos realmente nenhuma alternativa. A escolha que *pensamos* ter chama-se ego. A alternativa que achamos que temos é o que nos impede de perceber que estamos no mundo sagrado. Ela é como uma venda, um tapador de ouvidos e de nariz. Estamos completamente condicionados a pular fora no momento em que as coisas apertam, ou mesmo quando apenas achamos que isso pode acontecer. O truque está em ficar na dificuldade e assumir um compromisso com essa experiência. Esse ainda é o ponto principal, com ou sem um vínculo samaya formal com o mestre.

Afinal, com que nos comprometemos? Com não correr riscos e manipular nossa vida e o mundo, visando a obter segurança e confirmação? Ou nosso compromisso é com níveis cada vez mais profundos de maitri? A pergunta sempre permanece: em que tomamos refúgio? Na ação, fala e mente pequenas e acomodadas? Ou na condição de guerreiro, no dar um salto, no ir além de nossas habituais zonas de segurança?

VINTE E UM

Revertendo a roda do samsara

Normalmente, sentimos que há um grande problema e que precisamos resolvê-lo. As instruções nos recomendam parar e tomar uma atitude que não seja costumeira. Qualquer coisa, menos correr desenfreadamente na mesma velha direção, com os mesmos velhos truques.

Por alguma razão, estamos sempre nos afastando do darma. É como se o encarássemos como uma filosofia ou um curso rápido sobre autoaperfeiçoamento e, independente de quantas vezes tenhamos sido encorajados a aplicar a meditação e os ensinamentos à nossa vida emocional, continuamos esquecendo deles quando nos deparamos com uma situação difícil. Quando estamos com raiva de alguém ou arrasados, quando queremos nos vingar ou cometer suicídio, em momentos assim, não achamos que a meditação ou os ensinamentos possam servir para alguma coisa. Achamos que eles não estão à altura da situação real.

Muitas pessoas dizem que a meditação não é suficiente. que precisamos de terapia e grupos de apoio para lidar com nossos padrões mais arraigados. Acreditam solidamente que o darma não chega a penetrar nossa confusão com a profundidade desejada.

Frequentemente sugiro a um aluno que procure terapia. Vejo-a como um método específico e eficaz que pode ser extremamente útil para algumas pessoas. Para alguns de nós, trabalhar de perto com um terapeuta que se abstém de julgamentos permite superar o medo e, finalmente, desenvolver bondade amorosa em relação a si mesmo. Ao mesmo tempo, sei que o darma é mais revolucionário e que, para muitos de nós, fornece as ferramentas e o apoio de que necessitamos para encontrar nossa própria beleza, nosso discernimento e habilidade para lidar com a neurose e o sofrimento. Um dos truques parece ser confiar no darma o bastante para trazê-lo diretamente para nossos pesadelos, não como uma teoria inútil que nos distancia de nossas principais questões, ou algo que devemos alcançar, mas como um bom alimento, como um medicamento sem efeitos colaterais que pode ser aplicado sempre e em qualquer lugar.

A chave está em mudar nossos hábitos, principalmente nossos hábitos mentais. Lembro-me do dia em que compreendi, sem nenhuma reserva, que o uso que fazemos de nossa mente é que cria nossas próprias circunstâncias, pela constante padronização de nossas respostas à vida seguindo um modelo antigo, empoeirado e muito previsível. Surgiu um problema com dinheiro. Ele estava acabando e comecei a ficar tensa. Sentia como se um enorme peso estivesse literalmente colocado sobre minha cabeça e entrei em pânico. Precisava encontrar uma saída e não conseguia relaxar até achar uma solução. Era impossível apreciar a luz do sol refletida na água, a águia pousada em uma árvore junto à minha janela.

Todo esse cenário era insistentemente familiar, mas, não sei por que, dessa vez, tudo parecia mais acentuado que antes. Provavelmente, esse era o resultado de olhar, durante anos, tanto quanto possível com honestidade e sem crítica, para minha própria experiência. Possivelmente era também resultado de todo o treinamento de meditação que fazia para observar quando me desviava, voltando então, simplesmente, ao presente.

De qualquer modo, nesse dia, consegui sacar. Exatamente ali, no meio de um estado mental muito habitual, compreendi o que estava fazendo. Não apenas vi minha atitude, mas também parei. Deixei de seguir meu plano costumeiro para resolver o problema. Decidi não correr agitada, tentando evitar o desastre. Permiti que meus pensamentos do tipo "só eu posso salvar essa situação" viessem e se dissolvessem. Resolvi ver o que aconteceria sem minha interferência — mesmo que isso significasse deixar tudo desmoronar. Às vezes, temos simplesmente que deixar tudo desmoronar.

Interromper minhas ações foi o primeiro passo e o mais difícil. Não evitar o desastre era ir contra o padrão do meu próprio funcionamento. Senti como se estivesse forçando no sentido contrário uma enorme roda que girava, com tremendo impulso, na direção habitual.

É disso que trata o darma. Virar nossos hábitos ao contrário, inverter o processo pelo qual tornamos tudo tão sólido, reverter a roda do samsara. Isso começa com a percepção de como giramos em círculo, da mesma velha maneira. Normalmente, sentimos que há um grande problema e que precisamos resolvê-lo. As instruções nos recomendam parar e tomar uma atitude que não seja costumeira. Qualquer coisa, menos correr desenfreadamente na mesma velha direção, com os mesmos velhos truques.

Nos ensinamentos budistas, há muitas instruções sobre inverter a realidade. Ouvimos conselhos como: "Medite sobre aquilo que causa ressentimento" e "Volte-se para os pontos difíceis." Enquanto Trungpa Rinpoche estava ainda no Tibete, seu mestre, Khenpo Gangshar, treinou-o nesse modo de vida. Ele o chamava de instrução sobre a natureza não-dual da realidade. Quando perguntamos a Rinpoche o que havia acontecido com Khenpo Gangshar quando fugiram do Tibete, ele respondeu que não tinha certeza, mas achava que, enquanto os outros estavam fugindo para a Índia, Khenpo Gangshar estava indo para a China.

Esse tipo de instrução é algo aplicável à nossa vida e pode causar mudanças revolucionárias em nossa maneira de perceber as coisas.

Meu primeiro passo foi decidir não *agir* movida pelo impulso habitual. Foi um teste, uma exploração através dos ensinamentos budistas que afirmam que criamos nossa própria realidade que o que percebemos é nossa própria projeção.

Tudo em mim implorava para que agisse da mesma velha maneira. Mas eu me lembrava dos ensinamentos e de como eles afirmam que, enquanto nos apegarmos aos conceitos de bem e mal, o mundo continuará a se manifestar sob a forma de deusas benevolentes e demônios maléficos. Eu queria descobrir se isso era ou não verdade.

Pude experimentar esse novo caminho sem rigidez ou severidade, porque havia me treinado para fazer amizade com meus pensamentos e emoções. Por alguma razão, não é possível prosseguir no caminho sem cultivar uma ilimitada amizade consigo mesmo. Quando meditamos e ouvimos os ensinamentos, é bom lembrar que estamos empenhados em desenvolver a bondade.

Uma vez, quando estava ensinando em Austin, no Texas, um homem me procurou após o fim de semana e disse que havia gostado muito da instrução que dizia para perceber o tom de voz que usamos quando rotulamos "pensando". Se fosse rude, deveríamos repetir, com mais delicadeza. "Isso me tocou muito", ele disse, e continuou: "Agora, quando minha mente começa a divagar, apenas digo para mim mesmo 'pensando, minha boa amiga'".

Após vários anos, muitos de nós ainda continuam a praticar com severidade. Praticamos com culpa, como se fôssemos ser excomungados se não fizermos tudo certo. Praticamos para não nos sentirmos envergonhados de nós mesmos e com medo de que alguém descubra que, na verdade, somos *maus* meditadores. Uma velha piada diz que um budista é uma pessoa que, ou está meditando, ou está se sentindo culpada por não estar meditando. Não vejo muita alegria nisso.

Talvez o ensinamento mais importante seja o de tornar-se mais leve e relaxar. É de grande ajuda, quando lidamos com nossa mente instável e confusa, lembrar que estamos desbloqueando a suavidade que existe em nós, deixando que ela se espalhe. Permitimos que ela torne a autocrítica e as reclamações menos agudas.

Alguns de nós conseguem aceitar os outros, tal como são, muito mais facilmente do que aceitam a si mesmos. Achamos que a compaixão destina-se a alguma outra pessoa e nunca nos ocorre senti-la por nós mesmos.

Minha experiência me diz que, ao praticar sem "deveríamos", descobrimos gradualmente nosso estado desperto e confiança. Aos poucos, sem qualquer planejamento além da disposição de sermos honestos e bondosos, assumimos a responsabilidade por estarmos aqui, neste mundo imprevisível, neste momento inédito, neste precioso corpo humano.

Finalmente, chegou o momento em que eu estava pronta para desacelerar o impulso habitual da minha mente e parar de ser tão previsível. Comecei deixando de agir do modo costumeiro e achei isso muito difícil. Surge um enorme anseio de resolver o problema. Trungpa Rinpoche chamou isso de "saudade do samsara". Entretanto, minha curiosidade sobre os ensinamentos foi mais forte que o desejo de fazer o que eu sempre havia feito. Nesse ponto, estava entrando em uma terra de ninguém e me sentia vacilante. Ela era real, não alguma teoria vazia sobre a qual havia lido em algum livro. Não sabia o que aconteceria em seguida, mas qualquer coisa era preferível a reagir da mesma maneira travada.

Cada ação é importante. Cada pensamento e emoção também. Eles são o único caminho que temos. Aplicamos os ensinamentos a cada um deles. Por meio deles, compreendemos por que meditamos. Só estaremos aqui durante um breve período. Mesmo se vivermos até os 108 anos, nossa vida será curta demais para presenciar todas as suas maravilhas. O darma está em cada ato, cada pensamento, cada palavra. Estamos, pelo menos, dispostos a observar como giramos e a fazer isso sem constrangimento? Queremos, no mínimo, parar de considerar a nós mesmos como um problema e passar a ver que somos apenas um ser humano bastante comum que, neste momento, pode dar a si mesmo uma pausa e deixar de ser tão previsível?

Sei, por experiência própria, que é assim que nossos pensamentos começam a se acalmar. Como por um passe de mágica, parece que há muito mais espaço para respirar, para dançar, e muito mais alegria.

O darma pode curar nossas feridas, aquelas feridas muito velhas, causadas não pelo pecado original, mas por um engano tão antigo que não conseguimos mais enxergá-lo. As instruções nos dizem para nos relacionarmos compassivamente com o ponto em que estamos e para começarmos a ver nossos dilemas como trabalháveis. Estamos presos a padrões de apego e fixação, que fazem com que os mesmos pensamentos e reações surjam de novo e de novo e de novo. É dessa forma que projetamos nosso mundo. Quando conseguimos enxergar isso, mesmo que apenas por um segundo a cada três semanas, pegamos naturalmente o jeito de reverter o processo que faz as coisas se tornarem sólidas, desistimos do mundo claustrofóbico que conhecemos, deixamos de lado um fardo de séculos, e entramos em um território novo.

Se você me perguntar como é possível fazer isso, minha resposta será muito simples. Envolva-se pessoalmente com o darma, explore-o com dedicação e relaxe.

VINTE E DOIS

O caminho é o objetivo

Se há alguma possibilidade de iluminação, ela existe exatamente agora, não em alguma época no futuro. A hora é agora.

O que é preciso para utilizar a vida que já possuímos a fim de nos tornarmos mais sábios, em vez de mais aprisionados? Qual a fonte da sabedoria, no nível pessoal, individual?

À medida que compreendemos os ensinamentos, a resposta para essas perguntas parece relacionar-se com trazer tudo que encontrarmos para o caminho. Tudo, naturalmente, tem uma base, um caminho e uma realização. É o mesmo que dizer que tudo tem começo, meio e fim. Entretanto, diz-se também que o caminho, em si mesmo, é a base e a realização. Às vezes, lemos: "O caminho é o objetivo."

Esse caminho tem uma característica inconfundível: ele não é pré-fabricado. Ele não existe ainda. Essa trilha de que estamos falando é a evolução, momento a momento, de nossa experiência, do mundo fenomenal, de nossos pensamentos e emoções.

Essa estrada não é a Rota 66, com destino a Los Angeles. Não é como olhar no mapa e calcular que este ano chegaremos a Gallup, Novo México, e talvez no ano 2020, possamos estar em Los Angeles. Esse caminho não está no mapa. Ele passa a existir momento a momento e, ao mesmo tempo, desfaz-se atrás de nós, à medida que caminhamos. É como estar em um trem, sentado de costas. Não conseguimos ver para onde nos dirigimos, apenas o que já passou.

Esse é um ensinamento muito encorajador, porque nos diz que a fonte da sabedoria está naquilo que vai nos acontecer hoje. Em tudo que está acontecendo neste exato momento.

Temos sempre algum estado de ânimo. Pode ser tristeza, raiva, ou um pouco de tudo, um estado não muito definido. Pode ser bom humor ou alegria. De qualquer forma, qualquer que seja ele, esse é o caminho.

Quando algo nos fere, normalmente, não pensamos que essa situação possa ser nosso caminho ou uma fonte de sabedoria. Na verdade, achamos que estamos caminhando para nos livrarmos desse sentimento doloroso. ("Quando eu chegar a L. A., não vou mais me sentir assim"). Com a atitude de querer se livrar do sentimento, ingenuamente, alimentamos uma sutil agressão contra nós mesmos.

Entretanto, qualquer um que tenha usado os momentos, dias e anos de sua vida para se tornar mais sábio, bondoso e mais à vontade no mundo, aprendeu com o que acabou de acontecer. Podemos desejar ser bondosos agora, relaxar e abrir nosso coração e mente para o que está diante de nós neste momento. A hora é agora. Se há alguma possibilidade de iluminação, ela existe exatamente agora, não em alguma época no futuro. A hora é agora.

E agora é a única hora. Como nos relacionamos com ela é que cria o futuro. Em outras palavras, só pretendemos estar mais alegres no futuro porque existe esforço e desejo de estar alegre no presente. O que fazemos tem efeito cumulativo, o futuro é resultado de nossas atitudes atuais.

Quando nos encontramos no meio da confusão, não precisamos nos sentir culpados. Em vez disso, podemos considerar que a maneira pela qual nos relacionamos com essa confusão representa lançar as sementes do que faremos com o que vier em seguida. Podemos nos tornar infelizes ou fortes. A quantidade de energia empregada é a mesma. Exatamente agora, estamos criando nosso estado mental de amanhã, desta tarde, da próxima semana, do próximo ano, ou de todos os outros anos de nossa vida.

Às vezes, encontramos alguém que parece sentir um grande bem-estar e pensamos em como é possível conseguir isso. Gostaríamos de nos sentir da mesma forma. Esse bem-estar, frequentemente, é resultado de ter sido corajoso o bastante para estar plenamente vivo e desperto em cada momento da vida, mesmo naqueles tempos em que não há alegria, nas horas sombrias, nos períodos em que as nuvens encobrem o sol. Usando nossa boa disposição, podemos nos relacionar diretamente com o que está acontecendo, com precisão e delicadeza. Isso cria alegria e relaxamento fundamentais.

Quando compreendemos que o caminho é o objetivo, surge uma sensação de viabilidade. Trungpa Rinpoche disse: "Tudo o que surge na mente confusa é visto como caminho. Tudo é trabalhável. Essa é uma proclamação destemida, é o rugido do leão." Tudo que surge em nossa mente confusa pode ser visto como caminho. Tudo é trabalhável.

Quando nos vemos no que nos parece ser uma situação ruim ou dolorosa e pensamos: "Bem, como é que isso pode ser a iluminação?", devemos apenas ter em mente a ideia de caminho, a noção de que aquilo que parece indesejável não nos fará fatalmente adormecer nem desencadeará nossas reações habituais. Podemos permitir que nos mostre o estágio em que estamos e que nos lembre de que os ensinamentos encorajam a precisão e suavidade, a bondade amorosa em todos os momentos. Quando vivemos assim, sentimos frequentemente — talvez continuamente — que estamos diante de uma encruzilhada, sem nunca saber o que temos pela frente.

Viver assim é viver na insegurança. Muitas vezes, ficamos presos a um dilema — o que devo fazer com o fato de alguém estar muito aborrecido comigo? O que fazer com a raiva que sinto por alguém? Basicamente, a instrução diz para não tentar resolver o problema, mas permitir que essa exata situação nos desperte ainda mais, em vez de ficarmos amortecidos pela ignorância. Podemos aproveitar as situações difíceis como estímulo para dar um salto, para avançar na direção da ambiguidade.

Esses ensinamentos aplicam-se às mais terríveis situações que a vida pode jogar em cima de nós. Jean-Paul Sartre dizia que há duas maneiras de se dirigir para a câmara de gás — livre ou não livre. Essa é nossa escolha a cada momento. Como nos relacionamos com as situações? Ficamos amargurados ou temos abertura?

É por isso que dizemos que tudo que acontece pode ser visto como caminho, e todas as coisas — não apenas algumas — podem ser trabalhadas. Esse ensinamento é uma proclamação destemida do que é possível para pessoas comuns, como eu e você.

Vivemos tempos difíceis. Vemos a grande possibilidade de que essas condições fiquem ainda piores. Trungpa Rinpoche deixou muitos ensinamentos que se relacionam com elevar nossa sociedade. Ele, apaixonada e destemidamente, partilhou conosco instruções que podem fazer surgir uma era de coragem, na qual as pessoas experimentem sua própria bondade e se estendam aos demais. Passo, agora, alguns desses conselhos do coração a vocês, na medida em que me foi possível compreendê-los. Possam esses ensinamentos criar raízes e florescer, para benefício de todos os seres sencientes, agora e no futuro.

Posfácio à 2ª edição brasileira

Em agosto de 1998, nas Montanhas Rochosas do estado do Colorado, EUA, Lincoln Berkley, o coordenador da revisão técnica da tradução desta obra, participou de um retiro cujo tema era o nome deste livro. Durante dez dias, cerca de 200 pessoas vindas de toda parte dos EUA, Europa e Ásia, encontraram-se naquele lugar ermo, ainda visitado por ursos, para assistir às palestras de Pema Chödrön e meditar até 12 horas por dia. Para surpresa de Lincoln, em conversas durante as refeições, ele descobriu que trinta por cento dessas pessoas nunca haviam assistido a outro evento budista. Por recomendação de um amigo ou colega, haviam lido o livro que agora está em suas mãos, e sentiram-se tão motivadas, que decidiram ter um contato pessoal com os ensinamentos da autora. Em sua maioria, eram artistas ou trabalhavam com algum tipo de ajuda ao próximo — eram médicos, religiosos leigos, professores de crianças deficientes, psicólogos.

No Brasil, os leitores deste livro dificilmente serão aqueles que se sentem fascinados pelos aspectos folclóricos, exóticos ou mágicos do budismo tibetano, ou seja, pelos voos que nos levam para longe da enfadonha vida cotidiana e de seus problemas. Bem ao contrário, o enfoque de Pema Chödrön é exatamente o de dirigir nossa atenção para os aborrecimentos do dia a dia que gostaríamos de evitar, mas que têm tanto a ensinar sobre nossos próprios entraves e rigidez.

Portanto, pensamos que o público brasileiro de Pema será semelhante ao de outros países: pessoas desiludidas com a busca de uma salvação eterna e com o consumo desenfreado — seja ele de mercadorias ou de crenças. Imaginamos que sejam pessoas fiéis à verdade, cuja severidade será suavizada pela afinidade com os demais, com aqueles que ainda estão à procura de uma satisfação duradoura, do triunfo do ego. Esperamos que esse público possa aprender com Pema, em primeiro lugar, a ser carinhoso consigo mesmo e, em seguida, a encorajar os demais a questionar o círculo vicioso de suas esperanças e medos.

As pinturas budistas tradicionais da roda da vida e da morte mostram seres que habitam seis reinos de experiência distintos. Podemos entender esses reinos como seis estados habituais de ânimo ou personalidade. Alguns, como o da raiva, são muito atormentados. Outros, como o do sucesso alcançado, durante algum tempo são mais prazerosos. Porém, os seres que vagam aturdidos por todos esses reinos estão perdidos e cegos, pois não conseguem escapar da roda. No entanto há esperança, pois cada um desses reinos conta com o auxílio de um bodhisattva diferente que lhe é específico. A atividade iluminada desses seres de sabedoria é adequada às circunstâncias de cada reino. Isso os capacita, à semelhança de Pema Chödrön, a fazer os seres que residem naquele reino ouvir a mensagem do dharma e assim caminhar para a libertação.

A extraordinária aptidão da autora para ensinar de maneira despretensiosa e afetuosa torna sua mensagem universal, capaz de ser compreendida por todos aqueles que se questionam e são sensíveis. Se você sentiu uma ressonância interna, um arrepio de reconhecimento, talvez lhe seja proveitoso praticar as meditações que ela sugere. Para aqueles que não se sentem abertos à abordagem de Pema, existem outros mestres e muitos enfoques diferentes. O budismo não detém o monopólio da sabedoria deste mundo — nem das besteiras. Afinal, como disse Ösel Tendzin, todos vêm para o dharma pelos motivos errados — é o caminho que nos corrige.

Prezado leitor, se quiser saber mais sobre os ensinamentos ou as meditações praticadas pela autora, por favor entre em contato com o Centro Shambhala de Meditação de São Paulo, através do endereço de e-mail info@shambhala-brasil.org. Apenas para facilitar, peço que coloque "Pema Chödrön" no assunto. Você também pode obter outras informações, em português no website de Shambhala Brasil Centro de Meditação e Estudos Budistas, www.shambhala-brasil.org, ou em inglês, no website de Shambhala International, www.shambhala.org.

Agradecimentos

À autora Ane Pema Chödrön e Jonathan Green da Shambhala Publications, por confiarem a tradução e revisão ao Grupo de Meditação Shambhala de São Paulo. À Srª Gisela Zincone da Gryphus Editora, por ter acolhido nossas sugestões e aguardado com paciência nossa revisão. Aos colegas do Grupo de Meditação Shambhala de SP — Alicia Beatriz Negri, Carla Nishi Sonoda, Eleonora Issler Marsiaj, Helenice Ribeiro Ferreira Gouvêa, Roberto Micoli, Oddone José Attílio Marsiaj e Walter Morita — pela criatividade na revisão da tradução, desapego às próprias opiniões e hospitalidade ao oferecerem suas casas para reuniões que, às vezes, pareciam intermináveis. A Helena Patsis Bolduc, de Karma Dzong em Boulder, Colorado, Laura Faro, Maria Helena Zockun e York Stillman, pelo encorajamento e apoio. Por fim, mas principalmente, ao falecido Vajracarya Chögyam Trungpa Mukpo, professor da autora e inspiração do Grupo de Meditação Shambhala de SP, por ter transmitido ao Ocidente, fielmente, mas de maneira assimilável, as práticas e os ensinamentos mais preciosos das linhagens Shambhala, Kagyü e Nyingma.

Lincoln Berkley

Bibliografia

LHALUNGPA, Lobsang P. Trad. *The Life of Milarepa*. Boulder and London: Shambhala Publications, 1984.

NALANDA TRANSLATION COMMITTEE sob a direção de Chögyam Trungpa (trad.). *The Life of Milarepa the Translator*. Boston and London: Shambhala Publications, 1986.

TRUNGPA, Chögyam. *Crazy Wisdom*. Boston and London: Shambhala Publications, 1991. [Louca Sabedoria, Teresópolis: Lúcida Letra, 2015.]

______. *Cutting Through Spiritual Materialism*. Berkeley, Calif.: Shambhala Publications, 1973. [*Além do Materialismo Espiritual*. Teresópolis; Lúcida Letra, 2016.]

______. *The Heart of the Buddha*. Boston and London: Shambhala Publications, 1991.

______. *Shambhala: The Sacred Path of the Warrior*. Boulder and London: Shambhala Publications, 1984. [*Shambhala, A Trilha Sagrada do Guerreiro*. São Paulo: Cultrix, 1992.]

Informações

Para maiores informações sobre meditação ou eventos em centro de darma de sua conveniência, por favor entre em contato com um dos seguintes endereços:

Centro Shambhala
de Meditação de São Paulo
Rua José Antonio Coelho, 460
Vila Mariana
04011-061 São Paulo, SP
Tel: +55 (11) 3596-3792
Email: info@shambhala-brasil.org
Website: www.shambhala-brasil.org

Shambhala International
1084 Tower Road
Halifax, Nova Scotia B3H2Y5
Canadá
Tel: +1 (902) 425-4275
Website: www.shambhala.org

Gampo Abbey
Pleasant Bay
Cape Breton, Nova Scotia BOE 2P0
Canadá
Tel: +1 (902) 224-2752
Website: www.gampoabbey.org

Centro de Meditación Shambhala
República de Cuba 2226 - Providencia
Santiago de Chile
Tel: + 56 (2) 223-6827
Website: www.shambhala.cl

Rocky Mountain
Shambhala Center
4921 County Road
68C Red Feather Lakes
CO 80545 EUA
Tel: +1 (303) 881-2184
Website: www.shambhalamountain.org

Karmê Chöling
RR 1, Box 3 Barnet
VT 5821 EUA
Tel: +1 (802) 633-2384
Website: www.karmecholing.org

Shambhala Europe
Kartäuserwall 20
50678 Köln,
Alemanha
Tel: 0 221 310 2400
Website: www.shambhala-europe.org

Dechen Chöling
Mas Marvent
87700 St. Yrieix sous Aixe
França
Tel: +33 (0) 555035552
Website: www.dechencholing.org

Para informações sobre cursos budistas de graduação, pós-graduação, extensão e ensino à distância, telefone ou escreva para:

Naropa University
2130 Arapahoe Ave.
Boulder, CO 80302, EUA
Tel: +1 (303) 546-3572
Email : inquiry@naropa.edu
Website: www.naropa.edu

Outros livros de Pema Chödrön publicados pela Gryphus Editora

- *O Salto – um novo caminho para enfrentar as dificuldades inevitáveis*
- *Sem Tempo a Perder*
- *A beleza da vida – a incerteza, a mudança, a felicidade*

https://www.facebook.com/GryphusEditora/

twitter.com/gryphuseditora

www.bloggryphus.blogspot.com

www.gryphus.com.br

Este livro foi diagramado utilizando a fonte
Adobe Garamond Pro, e impresso pela Gráfica Edelbra
em papel pólen bold 90 g/m² e a capa em papel cartão
supremo 250 g/m².